机车乘务员培训系列教材

内燃机车专业基础知识

（“2+1”学员）

《机车乘务员培训系列教材》编委会　编

中国铁道出版社有限公司

2025年·北京

内 容 简 介

《内燃机车专业基础知识("2+1"学员)》是机车乘务员培训系列教材之一,全书共分四章,第一章为 HXN_3 型内燃机车专业知识,第二章为 HXN_5 型内燃机车专业知识,第三章为 DF_{4D} 型内燃机车专业知识,第四章为机车制动机。

本书可供"2+1"学员岗前培训,也可作为机车乘务员业务学习参考书。

图书在版编目(CIP)数据

内燃机车专业基础知识:"2+1"学员/《机车乘务员培训系列教材》编委会编. -- 北京:中国铁道出版社有限公司, 2025. 5. --(机车乘务员培训系列教材).
ISBN 978-7-113-31672-3

Ⅰ. U268. 48

中国国家版本馆 CIP 数据核字第 202488TU10 号

书　　名: 内燃机车专业基础知识("2+1"学员)
作　　者:《机车乘务员培训系列教材》编委会

责任编辑: 王晓阳　　**编辑部电话:**(010)51873421　　**电子邮箱:** jiche@ tdpress. com
编辑助理: 刘奕琨
封面设计: 郑春鹏
责任校对: 刘　畅
责任印制: 赵星辰

出版发行: 中国铁道出版社有限公司(100054,北京市西城区右安门西街 8 号)
网　　址: https://www. tdpress. com
印　　刷: 河北宝昌佳彩印刷有限公司
版　　次: 2025 年 5 月第 1 版　2025 年 5 月第 1 次印刷
开　　本: 710 mm×1 000 mm 1/16　**印张:** 7. 5　**字数:** 135 千
书　　号: ISBN 978-7-113-31672-3
定　　价: 48. 00 元

编委会

前　言

为全面贯彻国铁集团推动新时代铁路职工教育高质量发展主题思想，构建系统完善的职工培训体系，进一步规范机车乘务员培训管理、提升机车乘务员技术业务素质，深入推进机务系统职工培训标准化、规范化建设，更好地完成机车乘务员成才培养工作，沈阳局集团公司机务部依托机车乘务员塑型成长全历程工作指南，组织编写了“机车乘务员培训系列教材”。

本教材针对机车乘务员塑型成才的五个阶段（入门、成长、塑型、进阶、成才）分别制定了相应的配套学习指导。教材内容全面，涵盖了法律法规、安全知识、基础知识、专业知识以及实作技能等方面，构成了一个完整的培训体系，使机车乘务员通过学习，可以达到“三个标准”，即机车副司机任职资质、机车司机驾驶资质、机车司机成才标准。

本套教材由中国铁路沈阳局集团有限公司、辽宁轨道交通职业学院、辽宁铁道职业技术学院、吉林铁道职业技术大学共同编写完成。《内燃机车专业基础知识（“2+1”学员）》由王旭、史洪磊担任主编，钟万民、刘琤、李欣、田玉杰、董铁军、梁晓宇、林海斌、段永涛、熊伟、夏岩、张山川、徐阳、毕宸、彭李想、杨春燕参加了编写工作。

本教材为沈阳局集团公司机务部、各机务段职工教育培训工作人员设计，旨在作为工具书和指导书使用，期望本教材能成为广大职工教育培训工作人员日常工作的得力助手，特别是在规范日常培训、提升工作效能等方面发挥积极作用。

鉴于时间和能力原因，本教材可能存在诸多不足之处，期望广大读者能提出宝贵的意见和建议。

编　者

2025 年 4 月

目　录

第一章

HXN3 型内燃机车专业知识

知识目标

掌握 HXN3 型内燃机车的总体结构、主要特点和技术参数。理解机车的电传动方式、速度、制动方式和牵引力等关键性能指标。

能力目标

能够对 HXN3 型内燃机车进行专业的操作和维护。能够分析和解决机车运行中可能出现的技术问题。

素质目标

树立安全意识,确保机车运行安全。培养专业精神,提升学员专业素质。

第一节 机车总体

HXN3 型内燃机车是大功率交—直—交电传动双司机室内燃机车,由 16V265H 型柴油机、交流电传动控制系统、车体、转向架、机油系统、燃油系统、冷却水系统、空气滤清系统、CCB Ⅱ型空气制动系统等部件组成。

一、机车主要结构

从Ⅰ端开始,依次为Ⅰ端司机室—电气间—电阻制动间—空滤间—柴油机间—冷却间—Ⅱ端司机室,下部为两台转向架整体结构。HXN3 型内燃机车整体结构如图 1-1 所示。

(一)Ⅰ端司机室

HXN3 型内燃机车司机室操纵台如图 1-2 所示。司机室与车体隔离,从而隔离

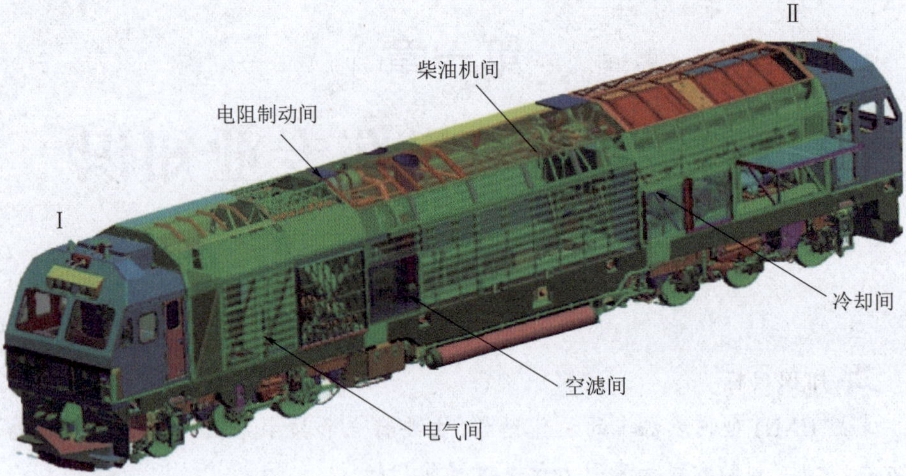

图 1-1 HXN3 型内燃机车整体结构

了来自轨道摩擦振动和柴油机工作产生的噪声，降低了司机室的噪声水平。在司机室操纵台上的 FIRE 显示屏可提供有关机车运行状态、系统故障和故障处理的信息。

图 1-2 HXN3 型内燃机车司机室操纵台

（二）电气间

Ⅰ端司机室后面是电气间，电气间内装有电气设备，断面图如图 1-3 所示。电气间通有清洁的滤清空气，室内加压以免污物进入室内。电气间内安装有 EM2000

微机、监控设备、无线列调设备、为辅助系统提供 74 V 直流电的 APC、提供 220 V 交流电的逆变器、空调逆变器、控制继电器和接触器等电器部件。

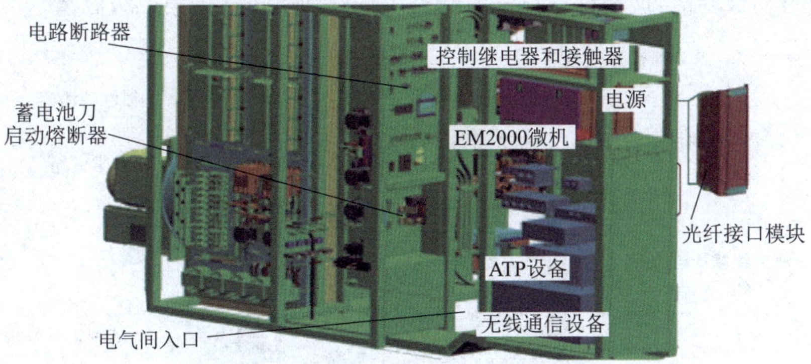

图 1-3　HXN3 型内燃机车电气间断面图

（三）电阻制动间

电气间后面是电阻制动间，电阻制动间设备由 EMD 的径向电阻带和风扇装配组成。安装在电阻制动风扇下部，用于冷却交流牵引相模块和第一转向架牵引电机组冷却风机。牵引发电机通风机和空气制动支架也安装在电阻制动风扇的下部，电阻制动装置断面图如图 1-4 所示。

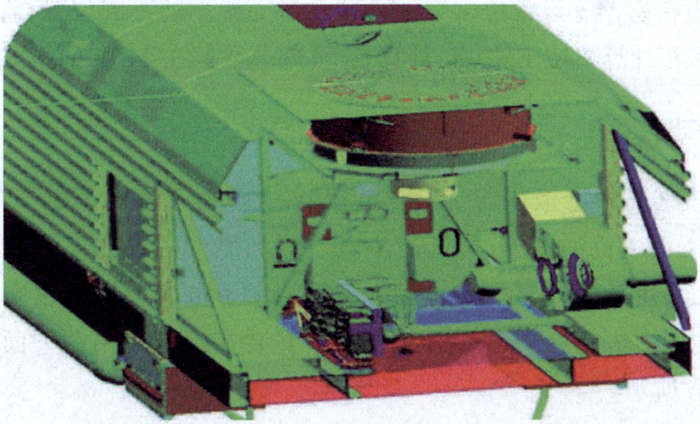

图 1-4　HXN3 型内燃机车电阻制动装置断面图

（四）空滤间

一个小型清洁空气室（即空滤间）位于电阻制动间之后，该室安装的设备有柴油机玻璃纤维空气滤清器、电气室通风机、惯性滤清器集尘箱通风机和牵引发电机的后端部，如图 1-5 所示。惯性滤清器对进入柴油机和冷却电器柜电器设备的空气进行初级滤清；玻璃纤维空气滤清器用于柴油机进气的第二级滤清。

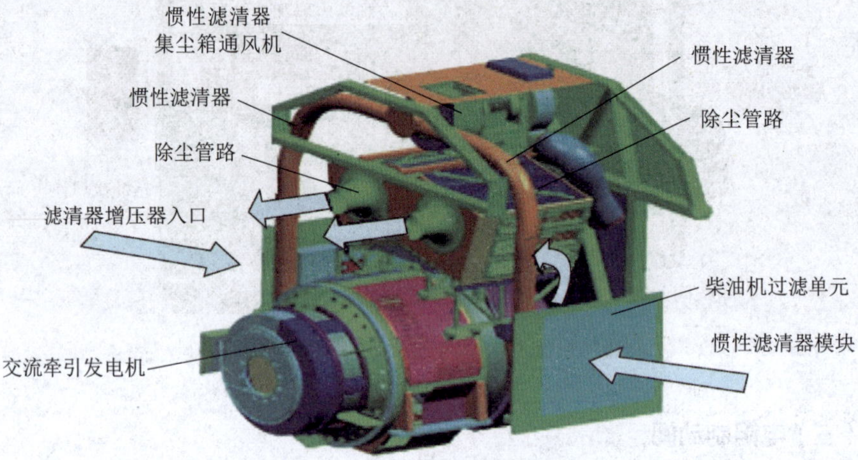

图 1-5　HXN3 型内燃机车空滤间

（五）柴油机间

16V265H 型柴油机和牵引发电机装置组成柴油机间。柴油机冷却水、机油、燃油压力和温度传感器等设备位于柴油机和设备支架上的不同位置，监控值被传送到 EM2000 机车计算机或 EMDEC 计算机上，部分数据在 FIRE 显示屏上显示。

（六）冷却间

冷却间安装有中冷散热器、柴油机高温水散热器及冷却风扇，冷却风扇安装在散热器的下面。机油滤清器、机油热交换器和燃油滤清器安装在散热器和冷却风扇的下面，用于冷却第二转向架电机组的牵引电机通风机也安装在冷却间内，两个空气压缩机和一个小型辅助空压机安装在冷却风扇的下面。冷却间断面图如图 1-6 所示。

（七）转向架

HXN3 型内燃机车装有两台 HTSC 转向架（图 1-7），该转向架设计可靠，检修周期长，转向架构架直接安装于司机室之下，每台转向架上装有三台交流牵引电动机。

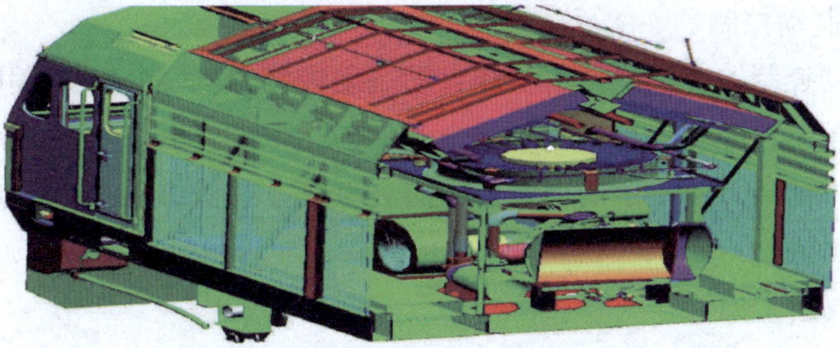

图 1-6　HXN3 型内燃机车冷却间断面图

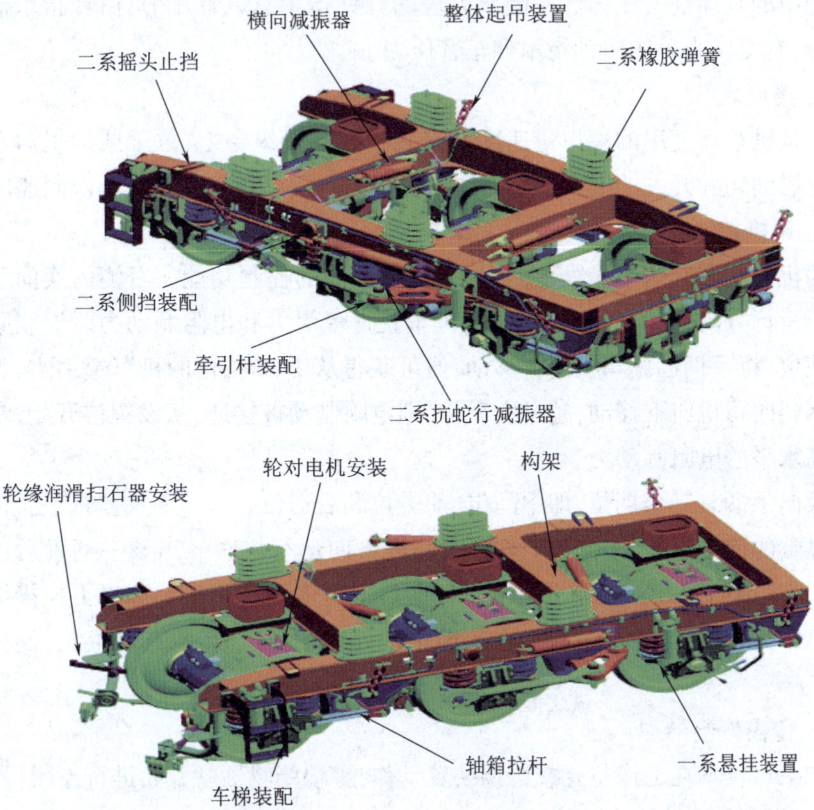

图 1-7　HTSC 转向架

二、机车控制和指示装置

（一）司机室主操纵台上的主要设备

1. 重联电话

重联电话专用于司机室乘务人员和列车上其他乘务人员之间的通信。

2. 空气制动控制器

空气制动控制器提供单独制动和自动制动控制，这些制动功能用的控制手柄以一个标准控制台配置进行布置。每个手柄与一个电气装置相连，为空气制动计算机提供输入信号。两个手柄以向前—向后弧线方式操纵，在向后的设置位缓解制动（朝向司机）。

3. 压力表

HXN_3型内燃机车在司机操纵台上设有两个双针压力表。两个压力表显示制动系统中的具体空气压力。左侧压力表的红针指示总风缸压力，白针指示制动风缸压力；右侧压力表的白针指示列车管压力。

4. 速度表

测量机车速度用的模拟量速度表安装在司机操纵台上，位于柴油机启动开关和紧急燃油切除开关的上方，黄色针指示机车速度，红色针指示机车限制速度。

5. 司机控制器

司机控制器有两个操纵手柄，具有三种不同的控制功能。右侧的换向手柄控制机车运行方向，左侧的控制手柄使机车获得牵引力和电阻制动力。控制手柄处于空载位，将手柄远离司机向上移动，便可获得从 1~8 挡位的机车牵引力，如果将该手柄朝向司机向下移动，越过空载位，则电阻制动被接通，从设置位开始，获得从低到高水平的电阻制动力。

换向手柄有三个挡位，即中间位、前进位和后退位。当该手柄置前进位时（朝向操纵端的前方），控制电路准备好向前进方向运行机车。当该手柄置后退位时（朝向操纵端的后方），控制电路准备好向后退方向运行机车。如果更换操纵端或者是机车为重联机车中的补机，在换向手柄处于中间位时，将其向上拉，便可将其取出。

6. 警惕蜂鸣器

如果司机不在工作位置或警惕装置动作，警惕蜂鸣器就开始进行连续报警。

7. 撒砂脚踏开关

当该脚踏开关动作后，机车将撒砂。当机车计算机接收到脚踏开关输入信号，并且所有的情况都符合要求，撒砂电磁阀就会通电，在选定的运行方向，把砂子撒在每个转向架动轮的前方。同时，该脚踏开关还把信号发送给 FIRE 显示屏上的“撒砂”指示灯，“撒砂”指示灯亮。

8. 喇叭开关

机车两端各安装了两个单音喇叭，有正常和高声两种不同的操纵模式，采用电空控制。每个喇叭都由一个操纵杆式开关控制,每个司机室有两个这样的开关,一个在司机操纵台上,另一个在副司机操纵台上。

9. 警惕开关

警惕装置包含在 FIRE 系统中,用于监控司机操纵台不同的操纵设备,显示司机是否在工作或处于警惕状态。当警惕装置动作后,该开关用于警惕装置复位。

10. 柴油机启动开关

在柴油机启动前,机车柴油机和设备必须进行正确的检查和设置。快速按下启动按钮,开始柴油机的自动启动程序:

(1)增压器滑油泵接通。

(2)为柴油机供燃油。

(3)柴油机间响起 5 s 报警声。

(4)当报警停止,启动马达与柴油机齿轮啮合并带动柴油机直到柴油机启动为止。

(5)启动马达脱离啮合。

需要注意的是在启动程序进行期间,按压 EFCO(紧急燃油切除)开关将中断启动程序。

11. 柴油机控制开关

当机车为重联机车的主机时,此开关必须在闭合位,滑杆向上。当机车为重联机车中补机或是在编组中做无动力回送时,此开关必须在断开位,滑杆向下。如柴油机控制开关在闭合位,机车控制系统根据控制手柄的挡位来控制柴油机转速;如柴油机控制开关在断开位,柴油机转速不受控制手柄挡位的影响。

12. 燃油泵开关

当机车为重联机车的主机时,此开关必须在闭合位,滑杆向上。当机车为重联机车的补机或是在编组车中作无动力回送时,此开关必须在断开位,滑杆向下。

当燃油泵开关在闭合位,它能使各种机车管路控制回路运行起来,使柴油机开始供油和启动。

13. 牵引发电机励磁开关

当机车为重联机车主机时,此开关必须在闭合位,滑杆向上。当机车为重联机车补机或是在编组中作无动力回送时,此开关必须在断开位,滑杆向下。

HXN3 型内燃机车是牵引发电机供电给直流环节,而不是直接给牵引电动机供电,这种差别影响了牵引发电机励磁开关的操作,此开关必须在闭合位才能使牵引电动机运转。当开关在断开位时,控制系统仍然给牵引发电机施加一部分励磁,牵引发电机把电压施加给直流环节，但是牵引电动机不会产生牵引或电阻制动作用。

14. 电阻制动切除开关

此开关有接通、切除/故障两个位置。将此开关置于接通位，假如其他所有条件均能被满足，机车计算机 EM2000 就能够对该机车实施电阻制动。将此开关置于切除/故障位，可阻止该机车进行电阻制动，但不影响在重联机车中的其他机车。

15. 重联柴油机停机按钮

重联柴油机停机按钮可以停止柴油机或是重联机车柴油机工作，这是一种重联功能，当在本务车上按下重联柴油机停机按钮时，重联机车中所有的柴油机就会全部停机。

16. 下载面板

此面板具有事件记录仪、CAN（控制器局域网络）、EMDEC（EMD 柴油机控制）、EM2000 及 VAC（通风及空调单元）的下载口。这些接口允许把事件记录仪、VAC、EM2000、EMDEC 及 CAN 网络数据下载到计算机上。

17. 新风控制开关

开启该开关就可使新鲜空气通过 VAC 进入司机室。在 VAC 侧设有一个新风阀，可把新鲜空气送入司机室。该开关可以单独关闭经 VAC 进入的新风。

18. VAC 控制开关

VAC 控制开关在司机侧前开关面板上，该开关控制安装于顶棚的 VAC。机车司机室装备有 VAC。VAC 开关控制通风/风扇开关，使司机室的空气以弱冷或强冷方式循环，达到冷却司机室的目的。

19. ATP 切断开关

在紧急情况或是必要的情况，使用 ATP 切断开关，手动将整个 ATP 系统的电源切断。

20. 主转向架撒砂开关

主转向架撒砂开关移动到向上位，将以手动限制方式撒砂，仅对主转向架进行撒砂（在撒砂器工作时，撒砂图标在 FIRE 显示屏上点亮）。

21. 刮雨器与喷淋控制开关

司机室内装有前窗玻璃刮雨器和喷淋系统，喷淋水箱安装在紧邻副司机的柜子里。逆时针旋转刮雨器控制按钮可启动刮雨器的工作。刮雨器刮臂的停放位置可以控制，当刮雨器突然停止时，必须将刮雨器按钮逆时针旋转越过断开位，则刮臂不会挡住司机的视线。司机和副司机的刮雨器及喷淋控制开关均安装在司机的前开关面板上。

22. 司机阅读灯开关

该开关用于控制司机阅读灯。副司机阅读灯开关及电暖器开关均安装在操纵台的前面，位于司机室座椅的右侧。

23. 司机电暖器开关

司机室里安装有两个脚炉、两个侧墙电暖器和两个后墙电暖器。司机和副司机各自有一组开关来控制这些脚炉和电暖器。侧墙电暖器上有一个开关，司机或副司机可以进行独立操作。副司机开关面板上也安装了阅读灯开关、脚炉和电暖器开关。

24. FIRE 显示面板

司机操纵台上有两个 FIRE 显示面板，离操纵台中心位置最近的 FIRE 显示面板是主显示面板，所有关键的乘务信息都显示在上面。操纵台右边远一点的显示面板是备用显示面板或副显示面板。

FIRE 显示面板是集很多控制和指示功能于一体的系统。通过使用 FIRE 显示面板，司机可以在操纵台直接观察重要的操作数据，并响应机车不同的子系统（包括 EM2000）。每个 FIRE 显示面板装有 1 个显示屏和 8 个按钮，司机可以选择或激活屏幕键标记上所列的菜单项。

25. 柴油机自动启机/停机系统（AESS）指示面板

AESS 面板位于司机操纵台上柴油机控制面板开关的下面，由以下三个指示灯组成：

(1)允许启动（绿色）指示灯

此灯亮时，系统自动停机，并重新启动，与隔离开关的位置无关。

(2)禁止启动（黄色）指示灯

"允许启动"灯亮的同时，此灯同时亮，表明允许系统启动。但是存在下列情况之一时此灯亮：①机车移动；②换向手柄不在中间位；③控制手柄不在空载位；④机车未实施制动；⑤总风缸压力太低。

(3)不工作（红色）指示灯

此灯亮时，自动启机系统不工作，在柴油机手动重新启机并且任何不工作的问题被解决之前，不会自动停机或重新启机。

（二）司机室副操纵台上设备

两个司机室都有副操纵台，装有频繁使用的辅助设备装置。

1. 风喇叭开关

机车两端各安装了两个单音喇叭,有正常和高声两种不同的操纵模式,采用电空控制。每个喇叭都由一个操纵杆式开关控制,每个司机室有两个这样的开关,一个在司机操纵台上,另一个在副司机操纵台上。

2. 风喇叭开关(脚踏开关)

踩下位于司机操纵台右侧地板上的脚踏开关,风喇叭自动鸣笛。在风喇叭鸣笛时操作脚踏开关或风喇叭按钮可以使鸣笛停止。

3. 清洗液

每个前窗玻璃上安装有一个刮雨器装配,每个刮雨器装配在雨刮臂上装有清洗挡风玻璃的喷嘴,清洗液装在一个储液罐里,位于右侧副操纵台的下方。

（三）柴油机监控设备

柴油机冷却水、机油、燃油压力和温度传感器监控设备位于柴油机及设备支架上的不同位置。监控值被传送到 EM2000 机车计算机和 EMDEC 计算机上,这些值中的一部分也在 FIRE 显示屏上显示。

如果有监控值超过正常范围,在 FIRE 显示屏系统上就会显示一条 EM2000 机车计算机的警告信息。如果测到的值超过警戒线,柴油机会出现停机。

1. 柴油机启机报警器

柴油机启机报警器装置安装在动力间的交流电器柜内。在柴油机自动启动循环过程中,它发出较大的声音,响 0.5 s、停 0.5 s,在启动马达启动柴油机之前持续 5 s。

2. 水温传感器

水温传感器用于测量柴油冷却水的温度。

3. 机油压力和温度传感器

机油压力和温度传感器监测涡轮增压器和柴油机机油进口的机油压力和机油温度。另外,有一个差压表监测机油滤清器前后压力。

4. 燃油滤清器压力传感器

燃油滤清器压力传感器监测柴油机燃油进口压力。有一个差示压力表监测燃油滤清器前后的压力。如果通过一级滤清元件的燃油压力过高,则旁通阀打开,燃油将绕过滤清元件。

5. 柴油机超速控制

柴油机超速控制是 EMDEC 系统的一个功能,它通过减少喷油量,把柴油机转速限制在一个预设值。除非检测到另一个保护性故障，EMDEC 不会因超速而使柴油机停机。

6. 百叶窗控制阀

机车计算机通过给电磁阀通电和断电，使百叶窗工作风缸充气或排气，以用来关闭和开启柴油机冷却系统散热器的气动百叶窗。

7. 空气压力传感器

空气压力传感器监测总风缸空气压力水平。机车计算机根据传感器信号控制空压机的接通与切除。

三、柴油机启动、停机

HXN3 型内燃机车没有电启动发动机，系统使用两台空气启动马达来启动柴油机，在柴油机每侧各有一个空气启动马达。当启动马达运转时，小齿轮和柴油机飞轮环齿轮啮合，启动马达使柴油机转动起来。

机车配置有 EMDEC 系统，EMDEC 系统为柴油机提供保护，避免柴油机遭受温度高或者滑油压力低等情况带来的损害。EMDEC 系统主要的子系统包括电子控制模块（ECM）、电子单元喷油器（EUI）、柴油机传感器等。EMDEC 接收来自柴油机传感器上的输入信号，并使用这些信号信息来控制柴油机工作。其基于存储器中预设的标定表，计算喷油时间和喷油数量。燃油通过电子单元喷油器（EUI）被送到气缸，ECM 控制 EUI 里的电磁阀来提供精确的燃油输送时间。

配置 EMDEC 系统可以使手柄级位响应更快，同时减少使用重联柴油机停机按钮时柴油机的停机时间。

（一）启动柴油机

1. 检查断路器面板

所有黑底白字的断路器，在机车操作过程中必须是在闭合（向上）位。

当接通（断开）任何断路器时，须先将计算机控制断路器布置在断开位，接通（断开）断路器后，再把计算机控制断路器置闭合位。

电气控制柜内 2 号断路器面板上的柴油机控制断路器，在启动柴油机之前应在闭合位。柴油机控制断路器负责给燃油喷射系统供电，它是一个带黑色标签的双位断路器，黑标签表示在正常操作时（柴油机燃油喷射）断路器必须在闭合位。当燃油控制断路器向下扳到断开位时（燃油喷射失效），柴油机将停机。为保证柴油机的正常运转，柴油机控制断路器应总是置于闭合位。它不是柴油机停机开关，但可用来在停机后给 EMDEC 柴油机保护系统复位。柴油机控制断路器置断开位时，故障指示灯不亮，并且当开关返回闭合位后故障指示灯依然保持不亮。

2. 闭合蓄电池闸刀开关

蓄电池闸刀开关必须在闭合位，以保证 EMDEC 系统在柴油机启动时工作，并且在操作过程中禁止断开。

3. 启动柴油机

在试图启动新柴油机、新大修后的柴油机或者关机超过 24 h 的柴油机之前，应进行预润滑。如果柴油机温度≤10 ℃，在启动前必须预热。更换机油滤清器后也要求预润滑柴油机，且必须运行两次完整预润滑循环，第一循环填充机油滤清器腔体、机油冷却器和管路；第二循环预润滑柴油机。

(1) 柴油机预润滑

当机车乘务员发出请求，EM2000 机车计算机控制柴油机预润滑时。为了预润滑柴油机，计算机控制机车增压器机油泵反向运转，再次填充机油管路和机油滤清器腔体，并润滑柴油机本身。机油通过 C 逆止阀从油底壳吸上来，通过 D 逆止阀放出去，来自油底壳的机油将进入机油泵和机油滤清器腔体之间的管路。柴油机启动润滑油系统如图 1-8 所示。

(2) 柴油机间检查

进行柴油机间所有部件检查，检查包括水位、机油的位置和空气、机油、燃油和水的泄漏情况。另外，检查 EMDEC 系统到喷油器接管的燃油泄漏情况，包括在柴油机任意两侧的 ECM 面板。

(3) 柴油机启动系统

HXN_3 型内燃机车配置两个以压缩空气为动力的柴油机启动马达。在启动马达开始旋转之前，其小齿轮与柴油机飞轮环齿轮啮合，然后启动柴油机。辅助启动燃油泵在开始启动周期前自动给柴油机供燃油。

在整个柴油机启动周期（启动期间）内辅助启动燃油泵持续运行，当柴油机运转后，该泵将自动停止。当柴油机以正常转数运转，机械驱动的主燃油泵将提供燃油并满足压力要求。按动柴油机控制面板上柴油机启动按钮开始柴油机初始供油/启动程序。初始供油/启动程序包括初始供油循环、柴油机启动报警及柴油机启动循环。

柴油机初始供油/启动周期一旦开始，循环将持续，直到完成柴油机启动，只有发生故障或者按动柴油机停机按钮，过程才能中断。初始供油循环持续 60 s，或者 EMDEC 燃油传感器已经探测到有足够的燃油压力可以开始柴油机启动程序（取

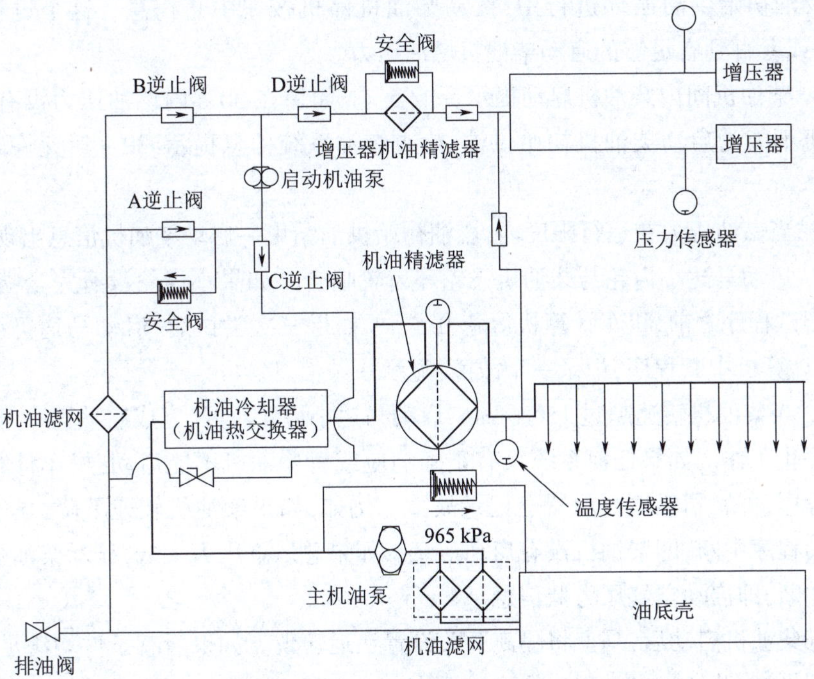

图 1-8　柴油机启动润滑油系统

决哪个程序用时更短）初始供油结束，柴油机间 5 s 提示声被激活，以提醒机车乘务员柴油机即将启动。当提示声结束，柴油机启动开始。

（4）柴油机启动程序

完成之前检查后，可以按以下步骤启动柴油机。需要注意的是如果柴油机水温≤10 ℃，在启动前应预热柴油机。如果柴油机停机超过 48 h，应预润滑柴油机。

①确认控制开关和燃油泵开关闭合（向上）。柴油机运行和发电机励磁开关应断开（向下）。

当启动其他车（重联机车）柴油机时，应确认重联控制电缆已经连接，其他车的控制和燃油泵开关应始终处于断开位（向下）。

②确认蓄电池闸刀开关、接地继电器切除开关和 APCCont 断路器都闭合。

③确认所有黑底白字断路器是在闭合位（向上）。另外，确认柴油机控制面板上隔离开关是在启动、停机、隔离、检查位置。

④在柴油机控制面板上，按动柴油机启动按钮，启动增压器机油泵，会有以下动作。

a. 增压器机油泵运行，建立增压器预润滑压力；燃油泵运行，建立燃油压力，显示燃油初始供油循环进行中，按动柴油机停机按钮中止信息。这个过程持续 1 min 或者直到有足够的启动柴油机燃油压力。

b. 柴油机间内柴油机启动提示音响 5 s。如果在 30 s 内燃油压力没有建立，柴油机不能为启动柴油机初始供油，检查燃油系统信息提示，30 s 后允许柴油机启动。

c. 当燃油压力在运行限度内，燃油初始供油结束—启动柴油机信息出现。

d. 启动马达小齿轮与柴油机飞轮环齿轮啮合。如果小齿轮没有完全啮合，在重新尝试程序之前，机车计算机等待 0.5 s。如果三次尝试后，启动马达仍没完全啮合，计算机中断程序，记录一个故障，显示一条信息。

e. 当柴油机转速超过 150 r/min，启动马达小齿轮脱开，完成启动程序，辅助燃油泵停止工作。如果任何系统没有正确响应或者柴油机不能启动，机车计算机将中断程序，并在司机室显示器上记录故障。例如，如果柴油机转速下降，显示柴油机启动程序中断，即柴油机没有启动信息。如果总风缸压力太低，显示柴油机启动程序中断，即启动空气压力低信息。

⑤柴油机启动后，马上将隔离开关设置在运转位。如果所有条件均满足，柴油机初始供油/柴油机启动程序将可以操作。

（二）柴油机停止

装有 EMDEC 的柴油机，不能通过使用调速器或喷油器控制杠杆（副轴）的安全功能停机，因为这两个机械装置都被取消。正常的柴油机停机可通过紧急燃油切除按钮和重联柴油机停机按钮实现停机。

对于 EMDEC 系统，停止柴油机的正常方法是将喷油器移动到“无燃油”位置。操作以下开关可使 EDMEC 系统移动燃油喷油器到“无燃油”位置，来停止柴油机。

1. 装在柴油机启动控制面板上的 EFCO 开关。EFCO 开关除了典型的紧急燃油切除功能外，还提供了锁定柴油机启动控制逻辑的功能，可以禁止柴油机启动。

2. 安装在机车左侧、右侧和在燃油箱加油口上方的 EFCO 开关。EFCO 开关用来使 EFCO 继电器失电，进而燃油泵继电器 FPR 失电，柴油机停机。

3. 重联柴油机控制（启动/停机）开关。安装在司机室操纵台上，这个开关发出柴油机和重联机车柴油机启动和停止的信号。这一功能允许从机车任一端司机室或另一台机车任一端司机室上启动/停止柴油机。按动这个开关的停止部分，停止该组中所有柴油机。停机继电器 SDR 通过操作激活重联柴油机停机按钮，停机继电器 SDR 得电吸合，关闭重联机组中所有重联机车柴油机。

四、机车功率传输过程

HXN3 型内燃机车装有一台 16 缸电喷四冲程增压柴油机，型号为 16V265H，该柴油机驱动牵引发电机装置。牵引发电机装置包括 TA20 牵引发电机和 CA9 辅助发电机。TA20 牵引发电机将柴油机的机械能转变成交流电，整流装置（安装在 TA20 内部）将 TA20 输出的交流电转换成高压直流电。

HXN3 型内燃机车 TA20 牵引发电机、CA9 辅助发电机经整流装置产生高压直流电通过直流环节传送给牵引逆变器。牵引逆变器是一个电气装置，它按照要求把交流电整流成直流电用于电阻制动，把直流电逆变成交流电用于牵引功率。牵引逆变器根据 EM2000 机车计算机指令将三相交流电供给牵引电动机。EM2000 响应从司机控制器和传感器传来的输入信号以及从动力设备传来的反馈信号。

CA9 辅助发电机产生三相交流电驱动交流辅助设备，如柴油机散热器冷却风扇和各种风机。CA9 也为 TA20 牵引发电机提供励磁电流。HXN3 型内燃机车上蓄电池充电和其他低压电路（DC 74 V）系统是由辅助发电机通过辅助电源变流器（APC）供电的。

牵引发电机励磁电流是由 EM2000 机车计算机控制的，该励磁电流取决于所需 TA20 的输出功率，给定手柄位/柴油机转速需要的 TA20 的输出功率越大，TA20 的励磁电流就越大。EM2000 根据控制手柄/电阻制动挡位以及各种其他输入确定需要的 TA20 输出功率。

机车的每根车轴上压装着两个车轮和一个大齿轮，每根车轴支撑一个牵引电动机。牵引电动机小齿轮与车轴的大齿轮啮合驱动车轴转动。牵引电动机与车轴的齿轮传动比和车轮圆周共同决定机车最大容许速度。

虽然每台 HXN3 型内燃机车均为一个独立的动力源，但一台以上机车也可以组成一个重联机车编组。为了便于重联机车操纵，每台机车上的操纵控制装置均可以跨接或用辅助重联电缆将相邻机车连接起来。重联编组的所有机车同时由主机控制。

另外，HXN3 型内燃机车还提供了单独的 DC 74 V 重联机车跨接电缆，以便对停机机车进行控制和蓄电池的供电，蓄电池和其他低压电路（DC 74 V）系统由辅助电源变流器（APC）供电。在司机室操纵台的 FIRE 显示屏可提供有关机车运行状态、系统故障和故障处理的信息，HXN3 型内燃机车牵引和控制系统如图 1-9 所示。

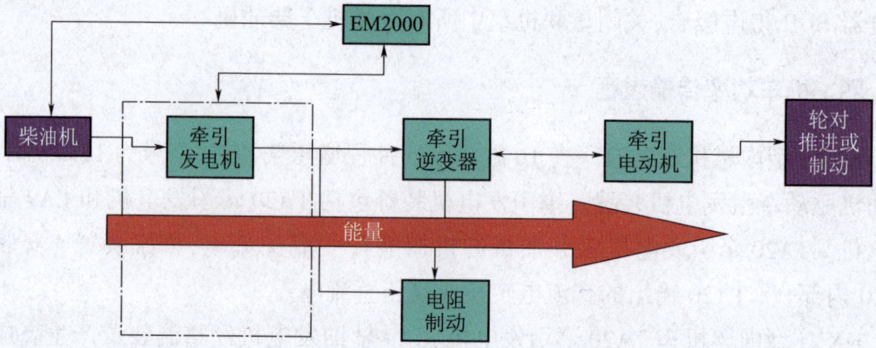

图 1-9　HXN3 型内燃机车牵引和控制系统

第二节　16V265H 型柴油机

一、柴油机总体结构

（一）柴油机简介

HXN3 型内燃机车 16V265H 型柴油机是废气涡轮增压，16 缸 45°V 形排列，四冲程的大功率柴油机，机上配有高压比的增压器和电控喷油系统。当四冲程柴油机开始工作时，位于气缸头部的进气阀通过空气泵的活塞把新鲜空气吸入气缸，进气阀在循环运行中则是由凸轮轴精确控制。16V265H 型柴油机运行时，增压器使流入的空气压力提升。在全负荷状况下，空气压力可达到大约三个大气压，并且密度也显著提高。

（二）柴油机结构（图 1-10～图 1-12）

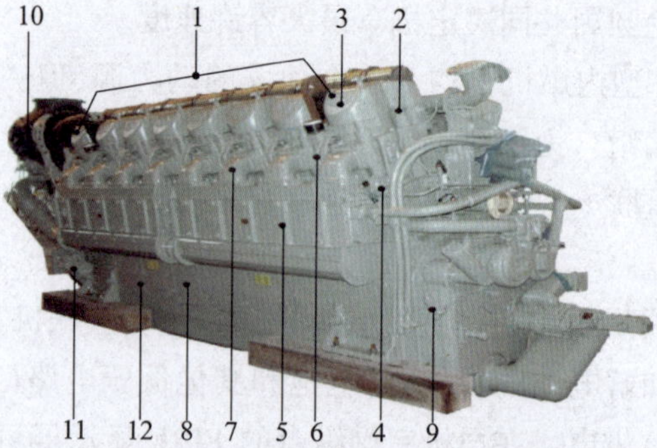

1—第 1～8 缸动力组；2—动力组紧固螺母；3—摇臂箱盖罩；4—燃油总管；5—中冷器；6—气缸减压阀；7—进气支管；8—曲轴箱盖；9—油底壳油位尺；10—增压器；11—启动马达；12—横拉螺栓。

图 1-10　16V265H 型柴油机左侧

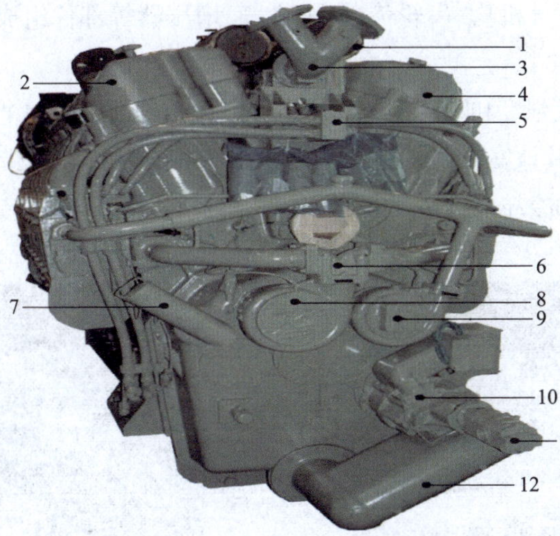

1—左列排气总管；2—右列动力组；3—出水总管；4—左列动力组；5—燃油分配器；6—水泵分流总管；7—加油口；8—主水泵；9—中冷水泵；10—主机油泵；11—机械驱动燃油泵；12—油滤器（机油）。

图 1-11 16V265H 型柴油机自由端前部

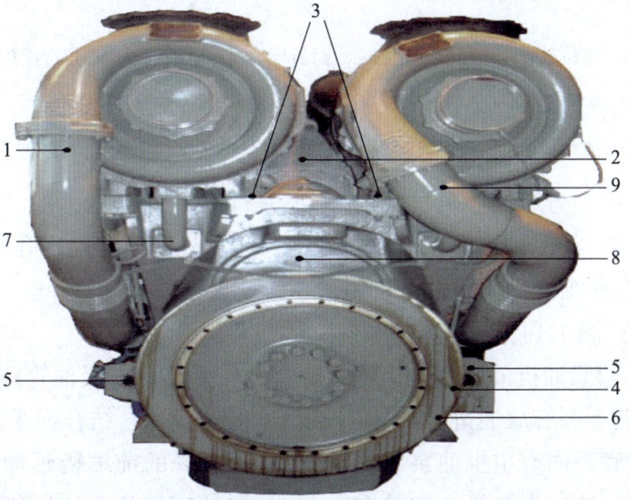

1—左列增压器及其出气道；2—凸轮轴齿轮盖；3—增压器支架；4—盘车指针；5—启动马达；6—盘式联轴节和齿轮；7—增压器进回油管装配；8—后端齿轮系盖；9—右列增压器及其出气道。

图 1-12 16V265H 型柴油机输出端后部

（三）16V265H 型柴油机主要部件介绍

16V265H 型柴油机主要由机体、油底壳、曲轴箱、曲轴、动力组单元、凸轮轴、凸轮随动摇臂机构、配气机构、齿轮传动、进排气、增压器等部件组成。

1. 机体(图 1-13)

机体是满足最大强度和刚度的整体铸造体。作为柴油机的一个主要结构件,机体安装曲轴、动力组和其他安装在柴油机上的附属部件,该铸件还附带了支撑座,其内部通道用作主机油道和冷却水总管。16V265H 型柴油机机体采用球墨铸铁整体浇铸。

1—气缸孔;2—增压器支座;3—定时齿轮腔;4—曲轴腔;5—横拉螺栓孔;
6—中冷水腔;7—油气分离器安装孔;8—柴油机支承座。

图 1-13　16V265H 型柴油机机体

虽然柴油机动力组延伸至机体内部,但是却是从外部紧固的。除了冷却液总管和机油总管外,其他总管都在柴油机外部。通过机体上的检查孔盖,可以进入油底壳,便于检查和维修动力组的下部零件。

2. 油底壳(图 1-14)

16V265H 型柴油机油底壳是由钢板焊接的箱形结构。吸油管路由自由端延伸至中部,自由端下部有放油口,与机体下部采用螺栓紧固,结合面采用 O 形截面橡胶条密封。油底壳内有主机油泵的吸油管,从油底壳的前端板延伸至由挡板隔开的油底壳中部。油底壳与机体安装在一起时,在油底壳顶面的加工槽内装有硅橡胶密封条。当更换机油或柴油机故障时,必须彻底清洁油底壳,必须特别注意排油管,确保排油管内部没有异物堆积,经常擦拭油底壳角落和凹坑内的堆聚物,检查滑油吸油管和吸油区是否有裂缝和破损,若有裂缝和破损,会导致吸空。

注意:如果机油滤清器被排空,机油油位会高过检查孔底部。使用油位尺检查油位。如果油位在油尺孔之下,那么可以安全打开检查孔盖,否则,在打开曲轴箱检查孔盖之前,要从油底壳放油。

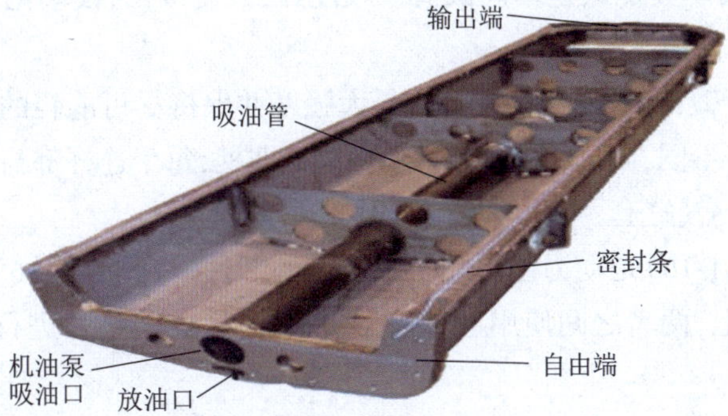

图 1-14　16V265H 型柴油机油底壳

3. 曲轴(图 1-15)

16V265H 型柴油机曲轴为全纤维锻钢曲轴,轴径表面及圆根部位采用感应淬火处理,每一个曲柄只有一个平衡块与曲轴采用焊接方式连接。

图 1-15　16V265H 型柴油机曲轴

主轴瓦采用三层金属的设计,钢背上黏结有一层青铜。在青铜和最外层的白金属层之间是一层很薄的镍。镍层增加了轴瓦的强度,有利于阻止轴承材料的剥离。目前的主轴瓦是上瓦和下瓦成对匹配的,在轴承孔中为过盈配合。轴瓦上的定位舌可以保证轴瓦对齐,并防止轴瓦在轴承孔内转动。

扭转减振器是液力减振器,用来吸收曲轴的扭转脉冲。通过内部油的移动来减弱曲轴的振动。

4. 动力组

16V265H 型柴油机动力组方便维修,形成模块化。动力组单元主要组成部件使用四个螺柱紧固在机体上,使用液力拉伸得到紧固。动力组单元设计成一个整体更换的装配,单独部件需要拆卸,如活塞或气缸套等,除非整体装配一起拆卸,否则无法拆卸。

动力组单元包括连杆活塞装配、活塞销、气缸套气缸盖装配、推杆、摇臂装配、横臂装配和喷嘴。其优点是紧固载荷一致性好,方便维修,模块化。

(1)活塞连杆组

连杆是一个锻钢部件,其设计具有最大强度并保持尽可能轻的质量。与原来的叉片式组合连杆不同,同排相对的连杆使用同一曲柄,每个连杆都与曲轴相连接。

(2)气缸盖、气缸套

气缸盖(图 1-16)是动力组单元中最复杂的部件。气缸盖用 6 个螺栓固定在气缸套(图 1-17)上,两者之间使用硅橡胶 O 形圈和气缸盖垫片进行密封,它们作为

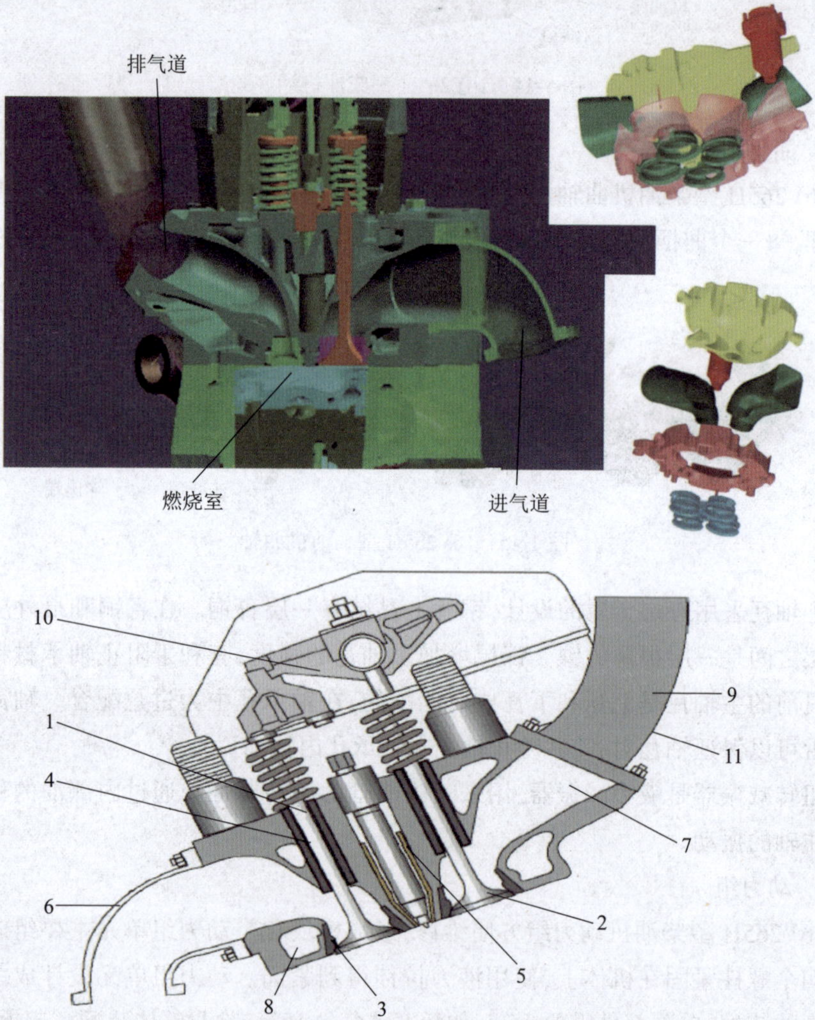

1—进气阀;2—排气阀;3—合金钢阀座;4—氮化气阀导管;5—铜制喷嘴护套;6—进气道;7—排气道;8—冷却水进口;9—T 形排气管;10—气阀驱动机构;11—冷却液出口（在 T 形排气管后面)。

图 1-16　16V265H 型柴油机气缸盖

一个装配单元在工厂组装，不能在现场进行维修，气缸盖装配是铸铁件。

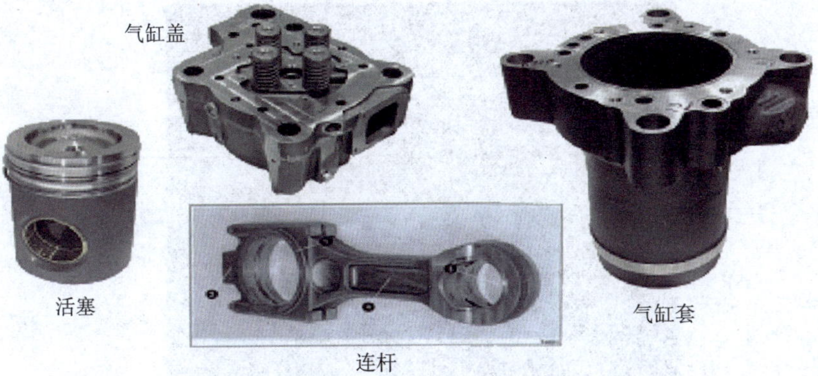

图 1-17　16V265H 型柴油机气缸套

5. 凸轮轴机构

16V265H 型柴油机单根凸轮轴，布置在两排气缸之间。

凸轮轴装配由四个单节组成，用螺栓和定位销定位连接紧固。每个单节控制每列两个共四个气缸。对应每个气缸有三个凸轮，即喷油凸轮、进气凸轮和排气凸轮。传动齿轮通过一组螺柱和螺母紧固在最后一节凸轮单节上。

安装在随动摇臂机构轴上的随动摇臂，通过滚轮将凸轮的旋转运动转换成垂直运动，并传递到推杆上。机油经过凸轮轴后依次经过随动摇臂轴、随动摇臂和推杆，最后为气阀驱动机构提供润滑。

16V265H 型柴油机辅助泵布置在自由端，高、低温水泵由泵传动弹性齿轮驱动，泵支承箱为铸造铝合金材料。

凸轮轴由位于柴油机后部的齿轮机构驱动。动力由曲轴齿轮传递到双联齿轮，安装在支架右上角的惰轮将动力从双联齿轮传递到凸轮轴齿轮。当曲轴逆时针旋转时，凸轮是顺时针旋转。

6. 进排气系统（图 1-18）

柴油机的燃烧需要非常清洁的空气。惯性空气滤清器在第八位时可以过滤接近 90% 的空气杂质。柴油机的空气滤清器作为第二层过滤，可以挡住余下的污物。进气的温度和滤清度同时被 EM2000 计算机控制系统和 EMDEC 喷射控制系统监控。

燃烧所需空气通过滤清器后，被涡轮增压器吸入。柴油机每侧都有独立的增压器，二者之间无连接。两个增压器构成一个真正的涡轮增压器，完全由燃烧废气驱动，取消了齿轮驱动连接。

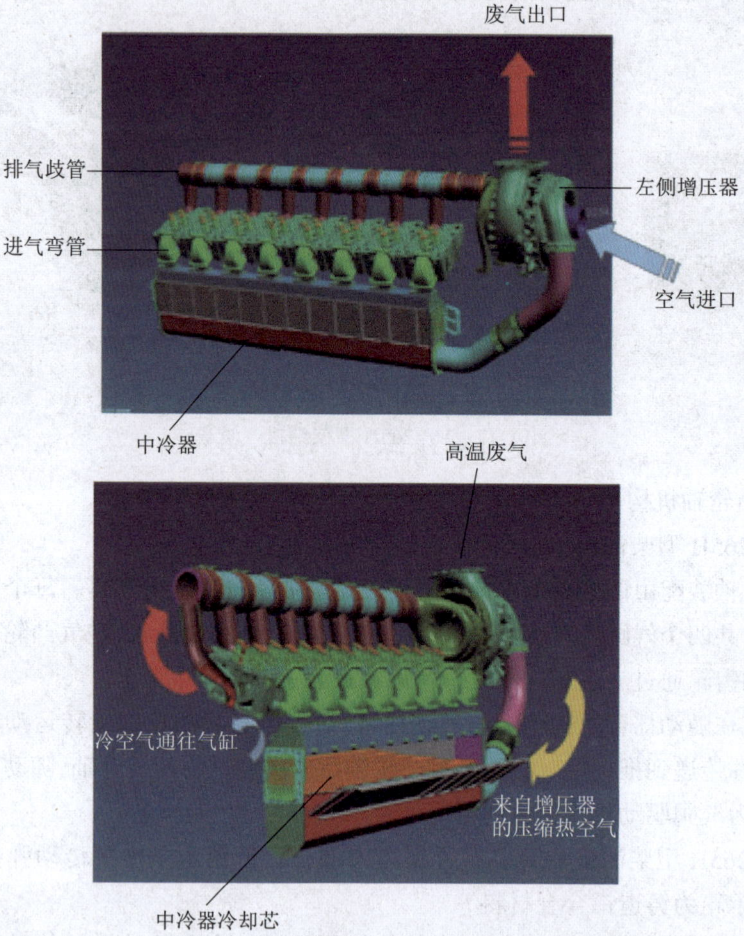

图 1-18　16V265H 型柴油机进排气系统

柴油机的两侧有与柴油机长度相等的中冷器，从增压器出来的空气通过连接管进入中冷器下面的高压腔，然后气流继续向上流经中冷器的内芯后分别到达各气缸的进气弯管。由于两侧空气是分别供给的，所以两侧的空气压力和温度都被EMDEC 监控。

7. 增压器

增压器主要用来提高柴油机的功率使机车更好的节约燃油。柴油机每侧都有各自的增压器和排气总管。气缸的排气热量由排气总管汇集到增压器中，并驱动一个单级涡轮带动叶轮压缩空气。独特的小惯量叶轮设计可对柴油机的速度和负荷变化产生快速的涡轮响应。当柴油机接近满负荷时，排气热量使温度接近

538 ℃,足以驱使涡轮达到一定速度,从而为柴油机的燃烧提供大充量的空气。

二、燃油系统

(一)燃油系统概述

在 HXN3 型内燃机车上使用的是 EMDEC 电子控制燃油喷射装置。燃油系统配有 9 000 L 的燃油箱。燃油箱配备有燃油侧面排污装置,设计上也考虑了柴油机油箱留有余量容积。供给柴油机的燃油首先通过粗滤器,粗滤器的作用是保护燃油泵。16V265H 型柴油机装备有两个燃油输送泵,一个是电驱动,另一个是机械驱动。电驱动的燃油输送泵是用在柴油机启动前为柴油机注满燃油而使柴油机能启动。燃油系统简化原理如图 1-19 所示。

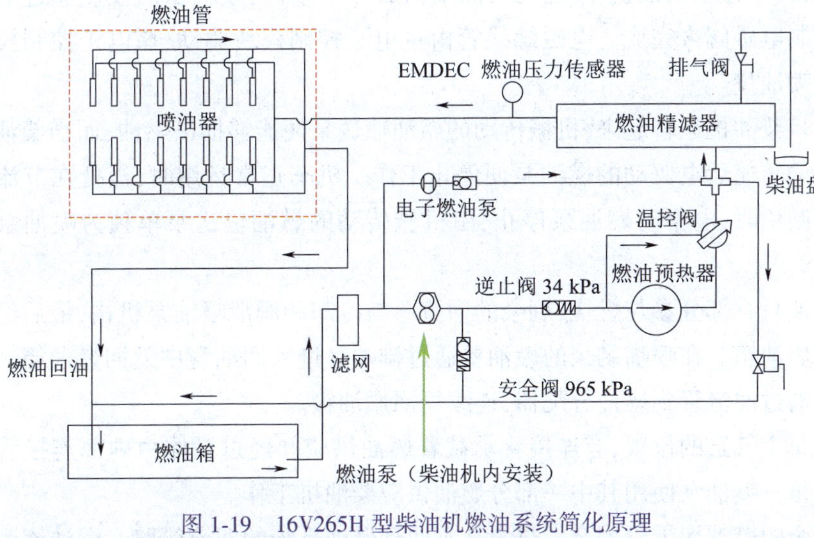

图 1-19　16V265H 型柴油机燃油系统简化原理

电驱动的燃油泵由 EM2000 机车计算机控制,并且在泵出油口管路配装有逆止阀。电驱动的燃油泵和柴油机驱动的燃油泵管路上是并联的。在给柴油机注燃油过程中,燃油泵从燃油箱吸燃油,这一供油过程要通过燃油滤清器。

在主润滑油泵端部配装的是机械驱动的燃油输送泵,该泵的作用是当柴油机正常工作时提供燃油。燃油从燃油箱抽吸要经过粗滤器,然后再将有压力的燃油通过精滤器供给柴油机。

燃油精滤器是 5 μm 等级的纸制滤芯,并且配装有 172. 4 kPa 的旁通阀。

（二）燃油系统原理

燃油系统组成部分包括每个气缸带有单体喷嘴的电喷泵，机械式传动燃油输送泵，燃油分配器，供油和回油管路及柴油机上配装的燃油管路。

有些燃油系统部件并不是安装在柴油机上，例如燃油箱、燃油粗滤器、燃油精滤器、电驱动燃油输送泵以及组成燃油系统的相应管路。

在给柴油机供油及启动的顺序中，电驱动燃油输送泵由微机控制从燃油箱抽油，抽油要经过每英寸面积上有30目的粗滤器，再经过燃油精滤器把燃油传输到装在柴油机上的燃油分配器，燃油再被供应给柴油机两侧的集流管，然后通过燃油集流管输送到每个缸的燃油喷射泵。输送到燃油喷射泵的小部分燃油被加压，高压燃油由喷油嘴形成雾化状喷出并在气缸中实现燃烧。

EMDEC控制柴油机，使之与喷油泵构成一个整体，喷油量的控制通过电磁螺线管控制电磁阀来完成。电磁螺线管由主电子控制模块驱动，该电子控制模块监控燃油喷油量。

一旦柴油机运转起来，机械传动的燃油输送泵便能够提供燃油，而当柴油机达到稳定的转速后电驱动的燃油泵便停止工作。机车正常运用时，当处在节流阀槽口的控制位时，电驱动燃油泵停止，由机械传动的燃油输送泵单独为喷油泵提供燃油。

燃油只有部分参与燃烧，剩余的回流参与冷却和润滑喷油泵机构，最后经回油管回到燃油箱。在喷嘴剩余的燃油要通过排油管进入回油管中返回燃油箱。剩余的燃油通过回流管到燃油分配器，连续返回燃油箱。

在每个气缸的位置，有连接管承载着燃油供应并经过泵体由内部连接管连到喷油泵体。喷油泵使用其中一部分燃油供应柴油机工作。

剩余的燃油携带着剩余的热量从泵回到燃油系统的回流管路。燃油流到燃油分配器后，在燃油分配器内有回油逆止阀，保证了合适的系统背压，将剩余的燃油送回燃油箱。安装在柴油机上的燃油分配器装配位于自由端，在泵支撑箱的正上方。

三、机油系统

（一）机油系统（图1-20）概述

机油泵通过吸油管和网式机油粗滤器从柴油机的油底壳吸出机油，机油被泵入柴油机外部的机油滤清器和机油冷却器中,最后,经过滤清和冷却的机油通过辅助传动箱正上方的连接座返回柴油机中部的主机油道。机油泵是由柴油机自由端的辅助传动齿轮驱动的。

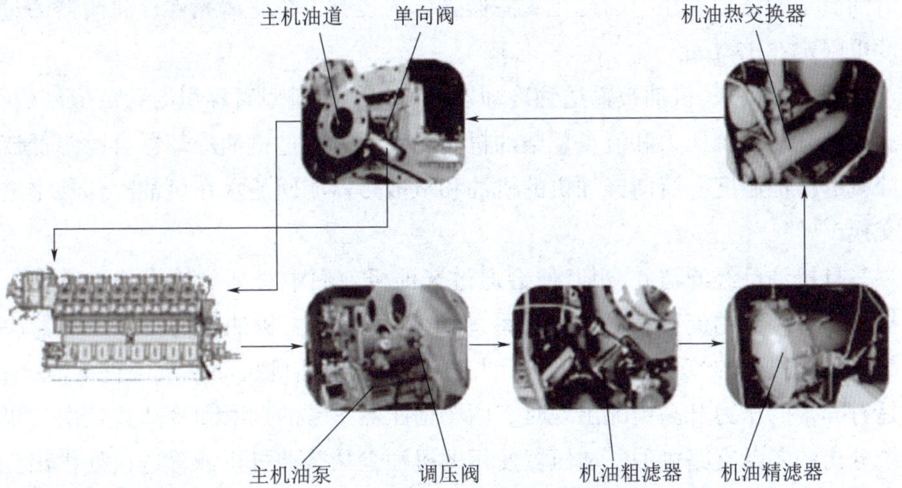

图 1-20 16V265H 型柴油机机油系统

16V265H 型涡轮增压柴油机的机油系统是为冷却和润滑柴油机零部件而设置的。柴油机的机油系统是含有一个单体式机油泵的高压系统,配有无旁通阀的滤清器。后润滑(辅助)机油泵安装在柴油机外部,同时兼有柴油机预润滑的功能。在 16V265H 型柴油机的前端安装一个为后润滑配置的机油滤清器。

单体式高压机油泵通过一个粗滤器从油底壳抽取机油,然后使之通过机油精滤器和机油冷却器。来自机油冷却器的机油输送到安装在柴油机前端的主油道进口管,然后进入柴油机为各个轴承提供润滑。机油流经柴油机内部油道后流回油底壳,并被循环重复使用。16V265H 型柴油机的机油系统主要由两个分系统组成,一是柴油机主润滑系统;二是增压器预润滑和后润滑系统。

(二)柴油机主机油系统作用原理

主机油泵通过过滤精度为 92 μm 的粗滤器将滑油从曲轴箱内抽出,在泵口安装一个安全阀,在冷机启动时以及在滤器发生堵塞时安全阀可以限制系统内的最大压力。粗滤器安装在柴油机的前部,滤清元件可以通过卸下滤器体上的平盖进行清洁。

斜齿轮形的机油泵安装在前部壳体上,直接由辅助齿轮驱动。小尺寸的集流管连到前部辅助驱动齿轮盖罩上，一端管口和主机油泵出口相连，另一端管口连到辅助齿轮盖罩内部的安全阀上。泵的主要流量被直接送到机车车体后部的精滤器体里面。与老式型号的机车不同，这个壳体比较大，能够匹配 16V265H 型柴油机润滑油流量的增加和压力的变化。滤器壳体内装有 7 个滤清元件。滤清器的过滤精度也限定在 13 μm。

从滤清器出来，机油被输送到冷却器。冷却器是新型高容积的管束形结构，可以满足较高的系统压力和流量。柴油机高温水通过流过机油冷却器可以降低流入柴油机的机油温度。流向柴油机的机油和从散热器流回的水在机油冷却器中进行热交换。

一旦机油已经滤清并冷却，便会通过柴油机前面中心部位的机油主道进入柴油机。尽管外部的流程和老式回油系统相似，可是却由机油滤清器和冷却器决定全部柴油机机油的流量和压力。在运用中要注意柴油机机油系统部件的状态，尤其是有异常的压力升高情况出现时。两个增压器正常的润滑和冷却直接由主机油系统分出的一条支路供油。增压器使用的机油是从柴油机机油管进口处供出。首先通过一个逆止阀后分别进到两个增压器的机油支路，再进到增压器后部下面的增压器机油总管。在润滑和冷却增压器的轴承后，回流的机油流出增压器底部进入增压器机油回流总管，然后进入增压器支撑箱，最后返回油底壳。

四、冷却水系统

（一）冷却水系统概述

冷却系统的作用就是吸收摩擦和燃烧使气缸产生的热量。另外，机油吸收的热量也会被柴油机冷却系统转移。

HXN_3 型内燃机车冷却系统分为两个部分，即高温冷却系统和低温冷却系统，两个冷却系统运行的温度不同。

冷却系统水位通过安装在散热器端面上方的膨胀水箱来保持，膨胀水箱的水表和加水口都可以用来检查水位。随着系统温度升高，系统中冷却水膨胀，同时压力增大。多余的冷却水流回膨胀水箱。

冷却系统压力增加以后，冷却水的沸点增高。当水沸腾以后会有少量的水损失，这样柴油机运行的温度会升高。膨胀水箱上的 138 kPa 压力阀盖限制了系统运行压力。系统冷却之后，液体收缩，使得系统压力下降并且会产生一些空隙，从水箱中溢流出来的冷却水会将系统重新填满。16V265H 型柴油机冷却水系统如

图 1-21 所示。

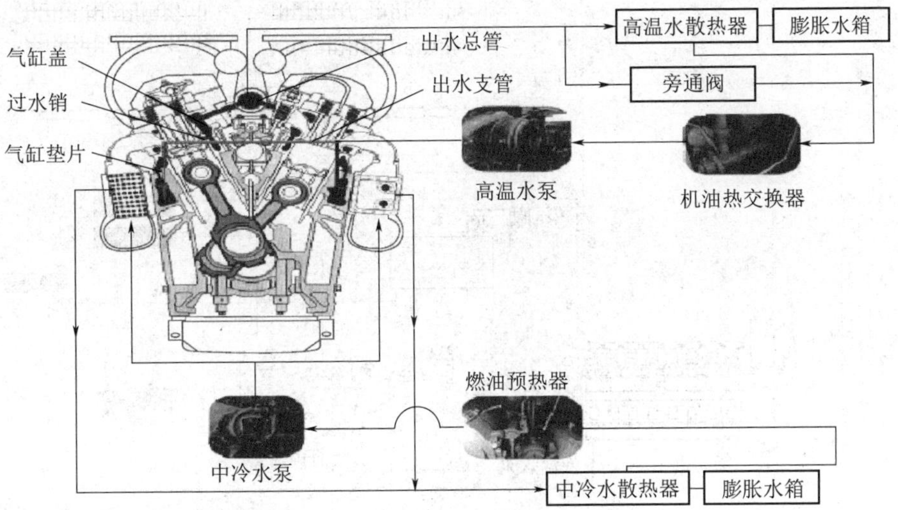

图 1-21 16V265H 型柴油机冷却水系统

（二）冷却系统原理

基本的系统运行流程从高温水泵开始。高温水泵安装在前部辅助驱动支撑箱上，由辅助系统传动齿轮驱动。冷却水从散热器/机油冷却器管路中流出，然后经过柴油机左右腔的支管。柴油机机体中的内部通道将冷却水传输到每个气缸套法兰的底部。通过一个模制的钢垫，冷却水向上流到缸套顶部，然后通过气缸盖垫片流到气缸盖。

通过气缸盖循环后，冷却水被排放到为散热器准备传输的大型中心冷却水排水支管。排水支管中的水流被分开，然后引向散热器组。散热器为机械结合式，配有五个单独的百叶窗部分。旁通管路容纳了散热器周围水流的 3/8 以降低流速，以此减少管道腐蚀。冷却水温度在散热器中被降低后，水流便被引回润滑油冷却器中。机油冷却器具有两个功能：一是将供应到柴油机的机油冷却；二是预热进入柴油机的冷却水，减少柴油机的热循环。从机油冷却器返回的冷却水进入主水泵以重复循环。

HXN3 型内燃机车 16V265H 型柴油机有两个水泵，其中高温水泵是循环柴油机的气缸套、散热器、润滑油冷却器之间的冷却水。低温水泵仅循环散热器和增压器中冷器之间的冷却水。16V265H 型柴油机冷却水原理如图 1-22 所示。

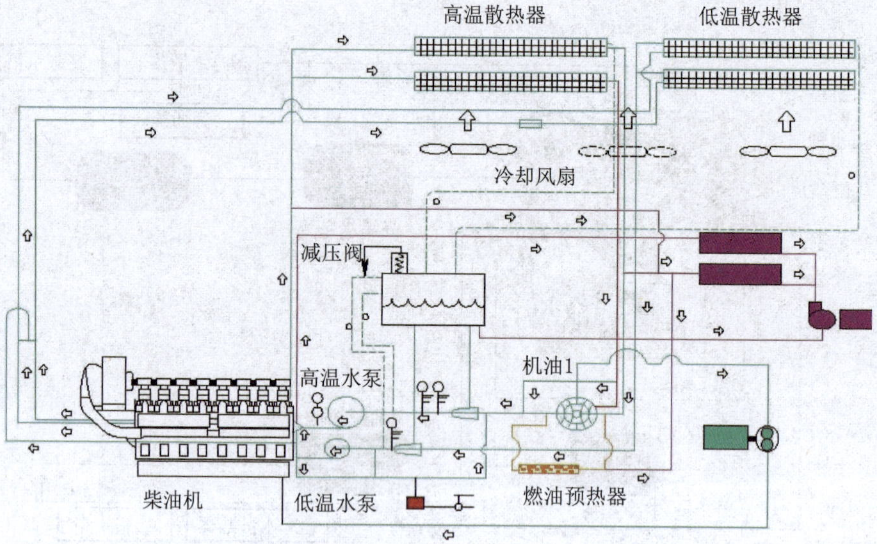

蓝色—中冷回路；红色—柴油机冷却回路；金黄—燃油预热回路；
绿色—预热系统机油回路；粉色—预热系统水回路。

图 1-22　16V265H 型柴油机冷却水原理

第三节　牵引控制系统

牵引控制系统主要由电气系统、发电与配电系统组成。牵引发电机装置由 16V265H 型柴油机驱动，其装配包括 TA20 牵引发电机和 CA9 辅助发电机。TA20 牵引发电机将柴油机的机械能转变成交流电，整流装置（安装在 TA20 牵引发电机内部）将 TA20 牵引发电机的交流电输出转换成高压直流电。由整流装置产生的高压直流电通过直流环节传送给牵引逆变器。牵引逆变器根据 EM2000 机车计算机的指令将三相交流电供给牵引电动机。EM2000 响应从司机控制器和传感器来的输入信号，以及从动力设备来的反馈信号。

一、电气系统

1. 概述

电气系统将牵引发电机提供的电能分配到机车的各个部分。牵引发电机首先将三相交流电输出到牵引整流器，从而提供牵引变流器所需的直流电压。牵引发电机机壳内还装有辅助发电机，辅助发电机不仅负责牵引发电机的励磁，同时还负责为其他辅助设备提供电源。辅助发电机共两组线圈,一组线圈用来通过辅助电源变换器（APC)输出 DC 74 V,为机车冷却风扇及各种辅助机提供三相电源;另一组线圈采用中间抽头的方式,以便能够提供两个不同电压等级的输出。中间抽头输出通过励磁斩波器来为牵引发电机提供励磁。HXN3 型内燃机车电功率分配如图 1-23 所示。

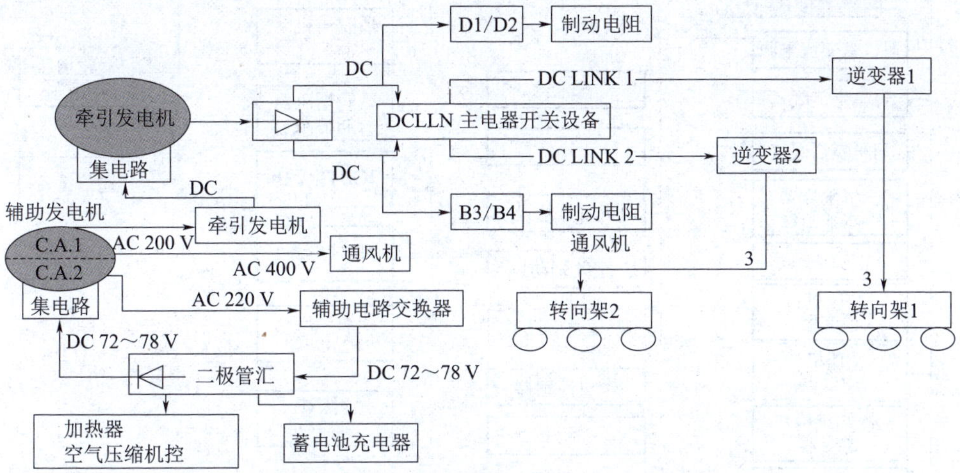

图 1-23　HXN3 型内燃机车电功率分配

2. 低压回路流程

低压直流电源以及 BC、BP、BTP 和 BSP 线路如图 1-24 所示。

二、发电与配电系统

（一）系统简介

柴油机、交流牵引发电机、副交流发电机、辅助电源变换器和绝缘栅双极晶体管(IGBT 晶体管)构成了机车的基本发电系统。通过机车电气控制系统来控制这些设备,从而使机车在牵引电阻制动的任何工况下都能产生出符合设计的牵引力或制动力。

柴油机转动带动主交流发电机组,这个机组包括牵引交流发电机和副交流发电机。CA9 发电机有两个互相绝缘的定子线圈,它们共用一个转子励磁线圈。

副交流发电机的 1 号定子发出的 AC 400 V（司机手柄在 8 位时）提供给机车的风机电机;发出 AC 200 V（司机手柄在 8 位时）提供给牵引发电机的励磁斩

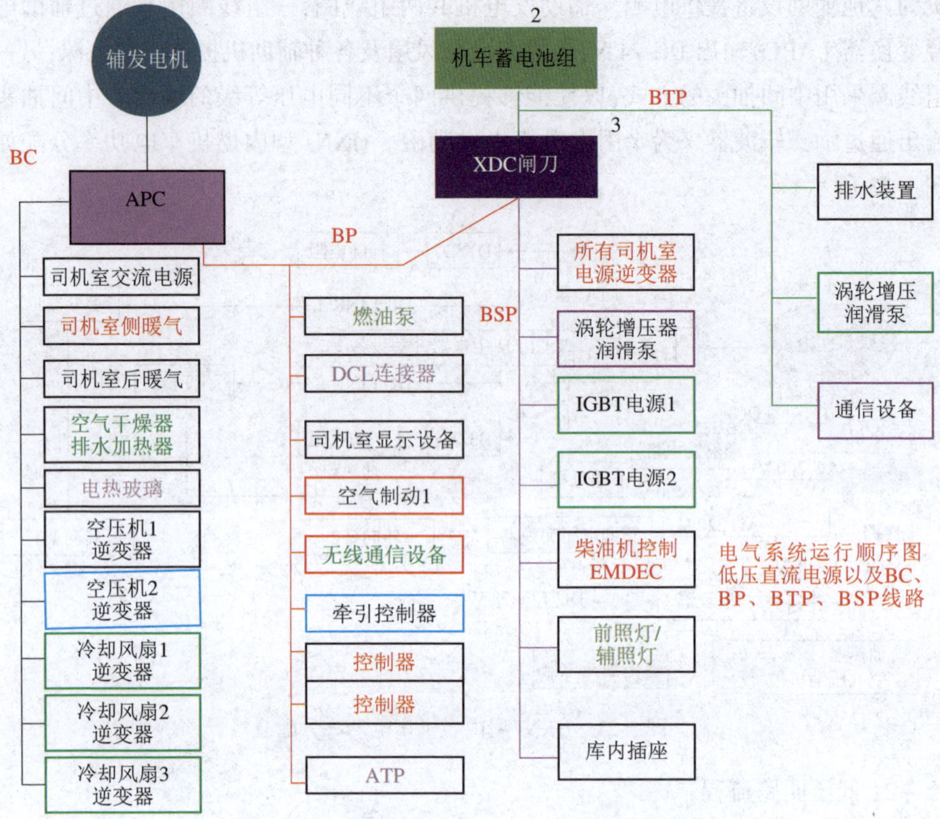

图 1-24　低压直流电源以及 BC、BP、BTP 和 BSP 线路

波器。

该副交流发电机的定子输出（司机手柄在 8 位时的 AC 220 V 输出）与辅助电源整流器 APC 相连接，该整流器给控制系统、蓄电池充电和副交流电机提供低压直流电源（DC 72~78 V）。

TA20 交流牵引发电机包含两个互相绝缘的定子线圈，它们共用一个转子。1 号定子线圈的三相交流电输出端与 3 号牵引整流器相连接，整流器输出的直流电（直流环节）提供给 1 号 IGBT 逆变器（1 号转向架）。2 号定子线圈的三相交流电输出端以同样方式与 2 号牵引整流器和 2 号 IGBT 逆变器（2 号转向架）相连接。

机车 EM2000 计算机系统根据晶闸管的设定情况以及交流牵引发电机的输出状况、柴油机状况和其他条件的状态反馈对牵引发电机的励磁过程进行控制。为了控制交流牵引发电机的励磁，EM2000 系统对主交流发电机的绕组励磁晶闸管的门极进行控制。每一个直流环节都与一个 IGBT 逆变器相连接。每个逆变器产生三相交流电来驱动三台牵引电动机。EM2000 计算机系统根据晶闸管和制动手柄的位置、机车的速度、柴油机的运行状况和其他条件来控制逆变器,使它们能产生出所需要的牵引力或制动力。

(二)旋转类电气设备的运行顺序

在一台使用交流电的机车上,即使机车柴油机在停机状态下,高压电仍然可能存在。因此需要在直流环节电路上或其附近进行维护工作或排除故障时遵循 IGBT 牵引逆变器的安全规程。在下列设备上或附近进行维护或排除故障时需要注意遵守有关的安全规程:交流牵引发电机/牵引发电机整流器机组、相模块、制动系统供电网络和制动接触器 B、消弧电阻和晶闸管、牵引电机和电缆。旋转类电气设备的运行顺序如图 1-25 所示。

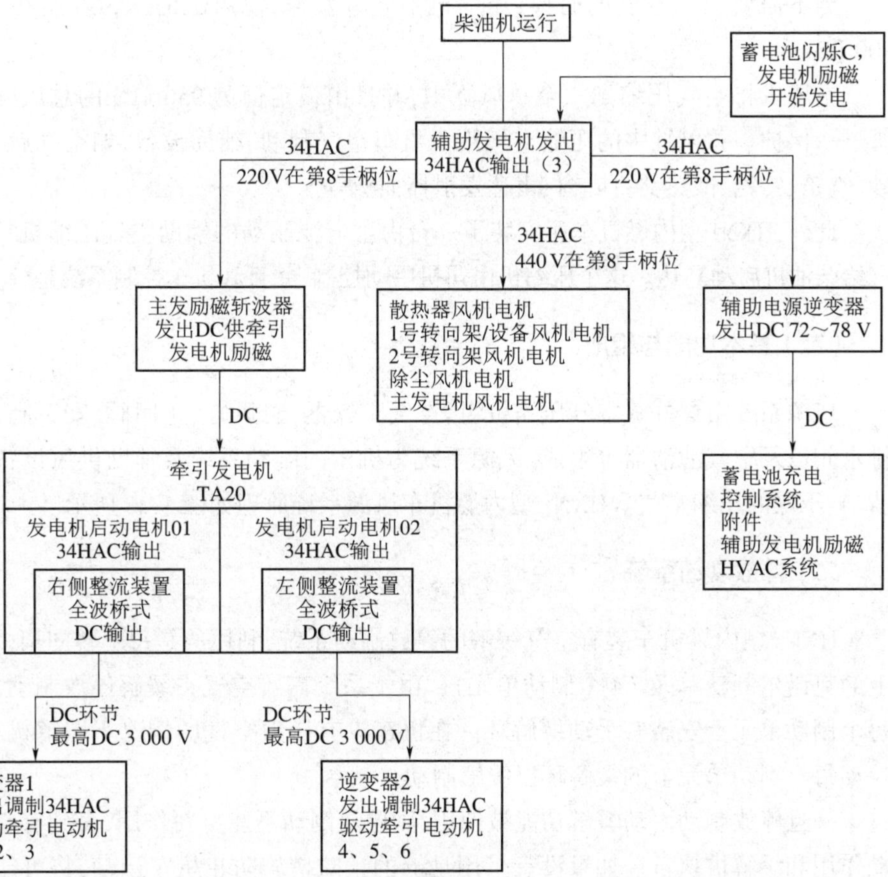

图 1-25　旋转类电气设备的运行顺序

第四节　制动系统

一、风源系统

（一）概述

HXN_3 型内燃机车安装有两台螺杆式空气压缩机，由同步交流发电机输出进行驱动。压缩机动作主要由 EM2000 根据压力传感器的反馈进行控制。控制计算机依次控制两个（每台压缩机 1 个）辅助电源逆变器。逆变器通过内部电路转换同步交流发电机的输出，达到规定的交流电压和频率供给压缩机电机。

当不需要压缩空气的时候，压缩机不允许操作，总风缸的压力控制在 750 ~ 900 kPa。

空压机将空气压缩到三个总风缸中，并且由设定值为 956 kPa 的总风缸安全阀进行保护。总风缸中的压缩空气用于机车空气制动、辅助设备，如空气启动、撒砂、鸣笛、铃铛、散热器百叶窗、雷达发射器面板等。

此外，HXN_3 型内燃机车还安装了一台由蓄电池驱动的辅助空气压缩机补充空气给柴油机启动马达。这个压缩机由司机手动控制，并且和机车控制系统是分开的。

（二）基本功能与组成

风源系统由螺杆式空气压缩机组、空气干燥器、总风缸、止回阀、安全阀、风缸排水阀以及空气滤清器等组成，风源系统为机车的制动系统及辅助供风设备提供清洁、干燥的压缩空气。HXN_3 型内燃机车风源系统原理如图 1-26 所示。

二、停放制动系统

HXN_3 型内燃机车装有空气缓解的停放制动系统，利用的是每个转向架中间轴上的克诺尔制动单元（4 个制动单元）。由于系统需要空气去缓解停放制动，所以每个制动单元上安装有手动缓解环。在机车没有压力空气的情况下缓解机车时，拉动每个制动单元上的缓解环以缓解制动。

一旦停放制动手动缓解功能被使用，则停放制动不能重新作用，直到有空气制动作用和缓解被执行。如果没有采用足够的预防措施防止机车运动，将可能导致人身伤害或设备的损坏。

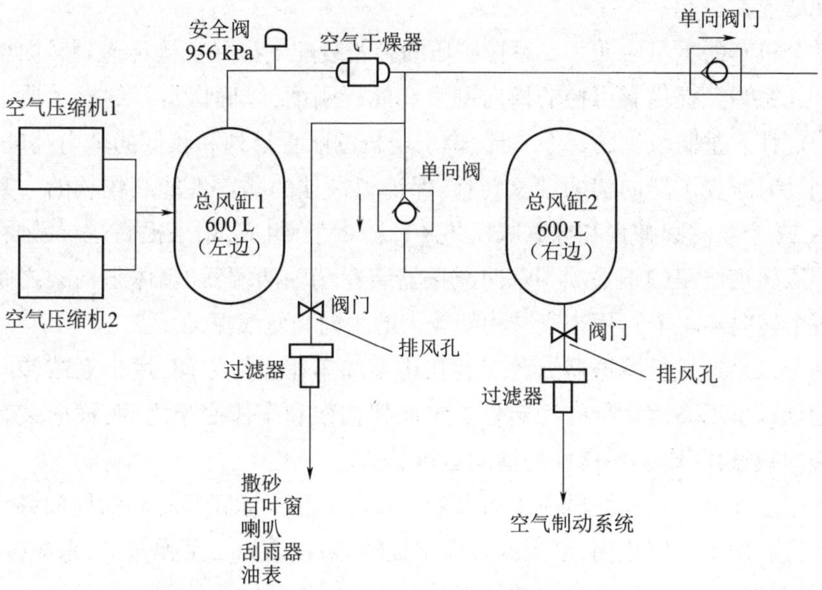

图 1-26　HXN3 型内燃机车风源系统原理

第五节　转　向　架

一、转向架概述

HTSC（高牵引、快速、三轴）转向架跟常规的三轴刚性转向架一样，承担机车的全部重量，并将机车动力传递到钢轨上。高强度的钢结构焊接构架使用无摇枕的二系悬挂系统，构架内安装了牵引电机和轮对。产生的全部纵向牵引和制动载荷，都通过拐臂牵引杆机构从转向架传递到机车底架。

转向架的设计要满足高可靠性、长大修周期、较长保养周期的要求。电机吊杆装配取代了传统的橡胶悬挂吊杆装配，它支撑着转向架上的三台交流牵引电动机。

二、转向架构成

安装在转向架上的三台交流牵引电动机把电能转化为机车牵引力。电机通过传动装置连接到驱动轴上，驱动轴再通过车轮将力传递到钢轨。驱动力通过连接到轴箱上的轴箱拉杆传递到转向架的构架上，然后通过拐臂牵引杆机构将驱动力由构架传递到机车底架。拐臂可以在构架上沿销轴转动，并且通过一个连接杆将两个拐臂连在一起。

整个机车的重量由四个二系橡胶压缩弹簧装配支撑并直接传递到转向架的构架上。二系弹簧提供有可控的横向刚度和蛇行刚度，以确保良好的操纵质量以及运行稳定性。垂向较硬的二系支撑、牵引电机的顺置排列和较低的牵引高度，在牵引和制动时减少了转向架的轴重转移，保证了最佳的黏着性能。较软的一系悬挂装置由 12 个双圈圆弹簧和橡胶减振垫（每轴 2 个）组成，用来提高运行品质、平衡轮重克服轨道线路的不平顺。垂向减振器装在端轴两端，轴箱体与构架之间的位置（每个转向架 4 个），用来衰减构架较大的垂向和侧滚振动。

两个二系抗蛇行减振器纵向安装在构架和车体底架之间，用来衰减转向架的蛇行运动以实现高速运行的稳定性。转向架构架和车体底架之间，横向装有两个二系横向减振器，以确保良好的横向运行品质。

构架上设有二系弹性横向止挡来限制转向架和车体底架之间的横向移动。转向架也设有四个旋转止挡，来限制转向架旋转，防止诸如二系弹簧、二系减振器、风道、电机大线、空气软管和撒砂软管等转向架和底架间的连接部件超限。

轮对装置的横动量是通过安装在轴箱体上的一个垫板和用螺栓紧固在构架上的非金属垫板相互配合来保证在规定的范围内，这种设计保证了横动量易于检查和加垫调整。

用螺栓拧紧在端轴轴箱上的弹性横向止挡能够保证止挡间隙为 1 mm，以达到良好的稳定性。用螺栓拧紧在中间轴轴箱上的刚性横向止挡能够保证止挡间隙为 15 mm，用来满足曲线通过的需要。

止挡是一种硫化橡胶元件，它能够提供合适的刚度以实现良好的横向运行性能、较高的稳定性，并且为横向力从轴箱传递到构架提供接触点。这种定位和安装方式能够确保在不落轮的前提下，为保持合适的横动间隙而进行检查、加垫调整或更换时的易操作性。经过加工的垂向止挡是由轴箱体的上部和横向止挡支承面联合组成的。

为保证弹簧的位置不变，在每组弹簧内部和轴箱间装有一个自锁装配。自锁装配包含了一个焊在构架上的上自锁支座，以及一个安装在轴箱体锥形孔内的下自锁支座。一条自锁链条通过圆柱销和开口销与上下支座连在一起，下支座通过一个压板固定在轴箱体内。轴箱里有链条保护装置，它可以防止自锁链条接触到弹簧。

轴箱轴承将垂向载荷从弹簧传递到轴上。三台牵引电动机的重量分别由三根驱动轴和连接到构架上的电机吊杆来承担。HTSC 转向架设计的主要特征就是牵引电动机的摆放是朝着同一方向，这样的摆放提供了很好的牵引性和黏着性。踏面制动装置驱动每个车轮上的合成闸瓦用来为机车提供制动力，踏面制动单元利用集成调整器来补偿因为车轮和闸瓦的磨耗所引起的间隙总和。

第六节　机车辅助系统

一、通风系统

（一）概述

柴油机运行时，涡轮增压器通过清洁空气室的惯性滤清器以及柴油机空气滤清器吸入室外空气。电气柜通风机也可通过惯性滤清器吸入室外空气。所有其他通风机使用未经过滤的空气执行冷却或加压功能。

（二）惯性滤清器

清洁空气室配有两组惯性滤清器，机车每侧一个。当柴油机正在运行并且各室的门关闭时，惯性滤清器安装在相对室外空气来说气密性较好的室内，空气只能从惯性滤清器进入。清洁空气室的前墙为电气室的后墙。牵引发电机组件以及紧密环绕在四周的分割形成了隔墙，将清洁空气室与动力室分离开。惯性滤清器在清洁空气室两侧的侧墙外面，电气室、除尘通风机组件装在该室的顶部。转向架、设备通风机以及牵引发电机将该室封闭起来。

（三）柴油机进气滤清器

柴油机涡轮增压器进气必须比惯性滤清器过滤后的气体还清洁。因此，从清洁空气室中出来的气体在进入涡轮增压器进口之前必须被过滤。

用于过滤柴油机进气的是一次性玻璃纤维过滤单元（以及壳体）。柴油机玻璃纤维空气进口滤清器壳体安装在空滤间中牵引发电机上面。

（四）差式压力开关

差式压力开关 EFS 和 FVS 位于电气室内。这两个开关都是隔膜式开关，可以感应到室外空气和涡轮增压器进气压力的差异。空气管把 EFS 和 FVS 连接在外部空气和的柴油机空滤器的增压进气侧之间。

随着旋风滤器和（或）柴油机空气滤清器变脏，空气滤清器中的负压将加大。空气滤清器和室外空气之间的差压达到约 356 Pa 时，FVS 关闭。FVS 关闭时会为机车计算机发送信号，然后显示柴油机空气滤清器已脏信息。

（五）通风机电机

HXN_3 型内燃机车配有双速 1 号转向架通风机、双速 2 号转向架通风机、双速电气柜、除尘箱通风机、单速牵引发电机通风机。

1. 双速 1 号转向架通风机

该通风机位于清洁空气间盖板面上，为相位模块、过压保护电阻和牵引电动机 1～3 提供冷却空气。

2. 双速 2 号转向架通风机

该通风机位于冷却间内，在两台螺杆式空压机旁，为牵引电机 4、5、6 提供冷却空气。

3. 电气室、除尘风机

该组件位于清洁空气室的顶部，由交流电机和两个通风机叶轮构成，可执行以下两种功能：

(1)为电气室设备提供冷却、加压。

(2)从惯性滤清器高压室中抽出杂质，然后通过通风机口向上排出。

4. 牵引发电机通风机

牵引发电机通风机为牵引和辅助发电机提供冷却空气，位于电阻制动室内，通过过渡管道连接到牵引发电机风箱。牵引发电机通风机通过入口筛网吸入未经过滤的空气，并强制其通过连接到牵引发电机风箱的过渡管道。空气将在牵引发电机内循环，然后排放到机车车身，为柴油机室提供正压。产生轻微的正压，以防止杂质进入柴油机室。

5. 制动电阻通风机电机

制动电阻在动态制动和自负载过程中温度升高，为了防止热量对电阻造成损坏，只要电流从制动电阻 REGRID2 通过时制动电阻通风机就会运行。制动电阻通风机电机为直流串励电动机，在制动电阻组件下直接安装。电阻组件冷却空气通过该间两侧的进气滤网，从机车外部进入。电流在电阻 2 通路循环时，电阻通风机也被通电，送入的冷却空气向上穿过电阻。

二、辅助用风设备

（一）柴油机风启动系统

16V265H 型柴油机使用气动马达启动。柴油机具有两个气动马达。柴油机风启动系统包括启动总风缸（第三总风缸）、启动压力传感器、电磁阀、压力开关、作用（中继）阀、滤尘器、空气启动马达、截断塞门以及与之相连管路等组成。

柴油机启动管路系统由完全相同的两套装置组成。柴油机启动管路中还有一个蓄电池供电的辅助空气压缩机。

一个启动风缸压力传感器连接到第三总风缸上，给 EM2000 提供启动压力反馈。当启动系统需要维修的时候，关闭安装在第三总风缸后的截断塞门。

空气启动马达是专门为长曲轴大负荷应用设计的，在一般操作条件下，不需要维护。然而，如果启动器重复啮合失败，则需要更换小齿轮。

（二）燃油控制箱

安装在机车车体下面右侧的燃油控制箱的压缩空气来自于第一总风缸。入口空气被过滤并被测量，然后输入到安装在燃油箱上的传感器管。

电子燃油传感器按照燃油箱内部的空气压力动作。如果屏幕上显示一个正常的读数，检查机车已经充满了压缩空气并且塞堵已拧紧。

（三）撒砂系统

砂子靠重力从砂箱流到撒砂阀。撒砂电磁阀得电输送压缩空气到撒砂阀。通过撒砂阀中的压缩空气吹动砂子。撒砂阀中空气和砂子的混合物通过撒砂软管，然后撒到轨道上。撒砂系统的低速控制由司机控制；高速控制由 EM2000 计算机控制。在紧急制动时，撒砂操作由制动系统直接控制，计算机无法干涉。

（四）刮雨器

在机车司机室正副司机前面的挡风玻璃处分别有一个刮雨器。每个挡风玻璃刮雨器都是由风动马达驱动的，由单独的手动操作空气阀控制。后面每个窗户上的刮雨器有一个单独的风动马达，也是由空气阀控制。

（五）风喇叭

HXN3 型内燃机车装有 4 个风喇叭，机车的每端都分别有一个高音喇叭和一个低音喇叭。风喇叭由安装在每个司机室操作台和副司机室面板上的两位（高和低）开关控制，也可以由每个司机室的脚踏开关控制。这些开关控制喇叭电磁阀（MVGHL 或 MVGHH）。

（六）雷达系统

冬天，为了防止冰和雪在雷达接收器面板上堆积，雷达吹扫系统周期性地向接收器面板吹压缩空气。雷达空气吹扫系统由来自总风缸的风路、雷达吹扫电磁阀MVGRB和吹扫雷达表面的管路组成。吹扫雷达表面的管装配端部空气喷嘴。

当满足一定条件时，机车计算机给MVGRB电磁阀通电，引导压缩空气到面板，间隔30 s大约吹扫2 s。

（七）百叶窗控制系统

空气弹簧作用的风缸连接到百叶窗控制电磁阀MVGSH上，打开和关闭散热器百叶窗。EM2000通过柴油机温度传感器的反馈来监测柴油机温度，并为维持一个稳定的柴油机冷却水入口温度来控制交流冷却风扇和百叶窗。

（八）柴油机油气分离器辅助控制装置

柴油机油气分离器辅助控制装置由EM2000控制，在柴油机转速较低的情况下，帮助增压涡轮使曲轴箱建立真空状态。

复习思考题

1. 简述HXN_3型内燃机车主要结构布置。
2. 简述HXN_3型内燃机车自动启动程序。
3. 简述HXN_3型内燃机车EMDEC系统的作用。

第二章

HXN5 型内燃机车专业知识

知识目标

掌握 HXN5 型内燃机车的总体结构、主要特点和技术参数。理解机车的电传动方式、速度、制动方式和牵引力等关键性能指标。

能力目标

能够对 HXN5 型内燃机车进行专业的操作和维护。能够分析和解决机车运行中可能出现的技术问题。

素质目标

树立安全意识，确保机车运行安全。培养专业精神，提升学员专业素质。

第一节 机车总体

一、HXN5 型内燃机车与传统的交—直电传动内燃机车的主要区别

1. 传动方式为交—直—交流电传动；
2. 柴油机采用电喷技术，取消了联合调节器；
3. 轴重为 25 t，总重为 150 t；
4. 启动方式为主发电机启动，不设置启动变速箱；
5. 机车电气柜空气经过一级滤清，增压器采用三级滤清；
6. 牵引发电机、辅助发电机为一体式结构；
7. 空气制动系统为电空制动，不设置中继阀、分配阀等；
8. 燃油箱与机车底架为一体式结构；

9. 散热器在机车顶部，冷却风扇在散热器下部，停机状态下冷却水回流到水箱；

10. 设有独立卫生间；

11. 控制系统采用 CCA 集中网络控制；

12. 油耗低：198×(1±3%)g/(kW·h)；

13. 排放低：柴油机排放指标达到相关标准；

14. 检修方便：机车采用模块化设计和制造，便于维护和检修。

二、HXN5 型内燃机车布局

HXN5 型内燃机车布局如图 2-1 所示。

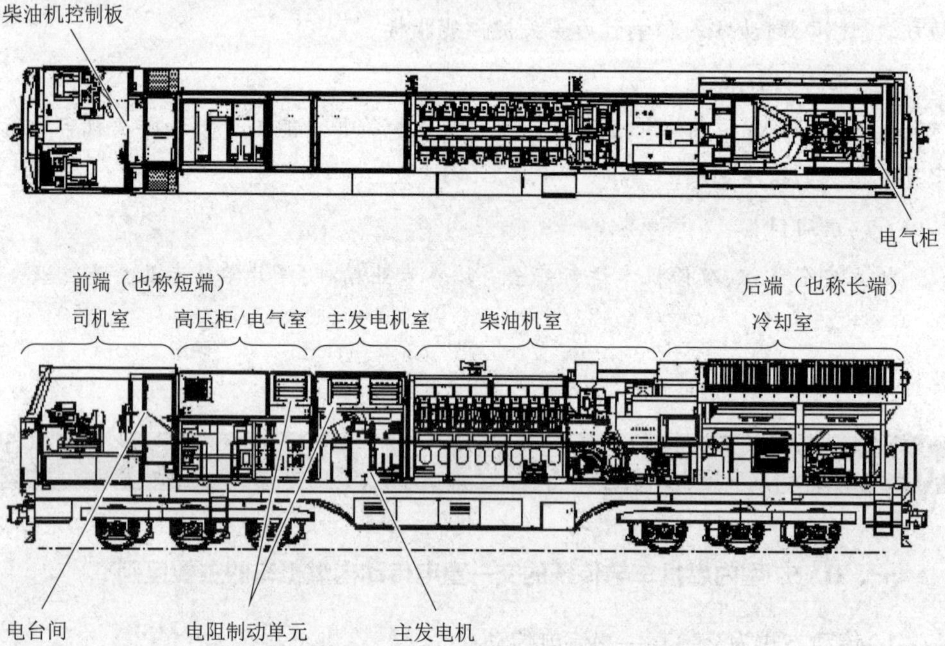

图 2-1　机车布局

注意：只有有资格的人员可以接触高压柜/电气室、柴油机室、主发电机室和冷却室，因为存在高压电及其他危险。

司机室位于机车最前部。机车的所有操作和控制部件都位于司机室。电子空气制动系统(EAB)的电子和风动部件位于司机室地板下，可从机车右侧接近。

高压柜(HVC)/电气室包含电气牵引系统的主要部件，包括牵引功率控制和电阻制动系统(装在电气室顶部)。

主发电机室包含主发电机。通风机对控制部件和主发电机通风。排尘风机将惯性滤清器中的灰尘和碎屑吸出,并将气体排出机车。风机和排尘风机由电机驱动,用不同的控制器控制。风机和排尘风机可按系统需要打开和关闭。主发电机连接到柴油机,为牵引电机和控制部件(包括风机和排风机)供电。

柴油机室包含柴油机、机油滤清器、燃油滤清器、热交换器等部件。柴油机的功能是转动主发电机,产生机车系统需要的电力。通常的柴油机检查(例如油位检查),可通过检查孔进行,无需进入柴油机室。柴油机型号为 GEVO16,V 型排列,单水泵,双增压器、双中冷器均布置在柴油机前端。发火顺序:先右后左,按 1—3—7—5—8—6—2—4 缸顺序爆发。

冷却室位于机车后端。柴油机散热器和散热器风扇位于冷却室顶部。散热器下面是空气压缩机、1~6 牵引电机通风机、排尘风机、机油热交换器和机油滤清器。空气压缩机、散热器风扇、牵引电机通风机和排尘风机由电机驱动。

HXN5 型内燃机车电气柜内有计算机、继电器、接触器和机车控制系统控制面板。

转向架设置为两组,采用 C_0-C_0 三轴单独驱动。转向架采用三点承载,牵引方式为牵引中心销传递,牵引中心销既承担转向架与车体的连接,又传递牵引力。

机车制动方式为踏面制动,停车制动采用单元制动方式。

三、交流传动原理

(一)工作过程

柴油机带动主发电机旋转,发出三相交流电,经过整流模块整流后变为直流电,进入牵引变频器后逆变成调频调压的三相交流电,供交流牵引电动机。HXN5 型内燃机车交流传动原理如图 2-2 所示。

(二)主要优势

HXN5 型内燃机车的核心技术之一就是采取了“交—直—交”传动方式,与传统机车的“交—直”传动方式相比,具有如下明显优势:

1. 逆变器驱动开关采用了 IPM 智能功率模块(该车由 IGBT 充当),具有驱动功率低、开关频率高、开关损耗小、动作可靠性高、无需配置吸收电路等优点。

2. 三相交流异步牵引电动机较之直流牵引电动机具有结构简单、功率大、黏

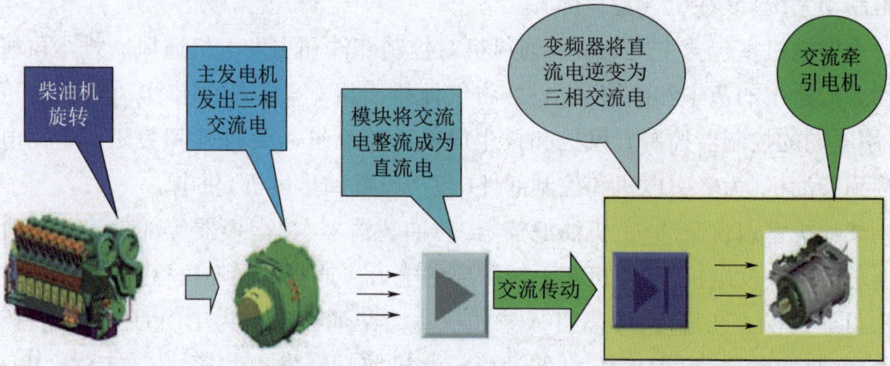

图 2-2　交流传动原理

着性能好等一系列重要优点，一是没有换向器、碳刷，实现了无火花通断电流；二是工作可靠性高、维修工作量少；三是质量轻、体积小；四是转速高、恒功范围宽；五是功率大；六是黏着控制性能好的优点，不容易发生空转。

四、电气设备布置

电气柜1（CA1）位于司机室的后壁。高压柜（HVC）/电气室包含电气柜2、3、4和5（CA2、CA3、CA4和CA5）。这些区域受门互锁设备保护。电气柜6（CA6）位于机车左侧，可以从地面检修。电气柜9（CA9）在冷却室后部。机车电气柜位置如图2-3所示。

（一）CA1

CA1位于司机室后部。它的一部分在柴油机控制板后面，绝大部分位于司机室后部折叠柜门内。CA1内装有蓄电池开关、控制电源滤波器、若干继电器、接线端子板、重联线电子装置和集成输入/输出（CIO）板。

CIO（集成输入/输出单元）插件板是“智能显示器”的输入/输出装置。插件板通过CIO伸出去感知HXN5型内燃机车的操纵条件，并控制牵引和辅助系统中各种电气设备的操作。CIO位于CA1，在智能显示器的指挥下输入下列来自机车周围的数据：

1. 辅助交流发电机、电动机供电相电流；
2. 动力制动电阻栅的通风机电机转速；
3. 牵引和辅助电源接地检测电路的状态；
4. 柴油机控制面板开关状态；

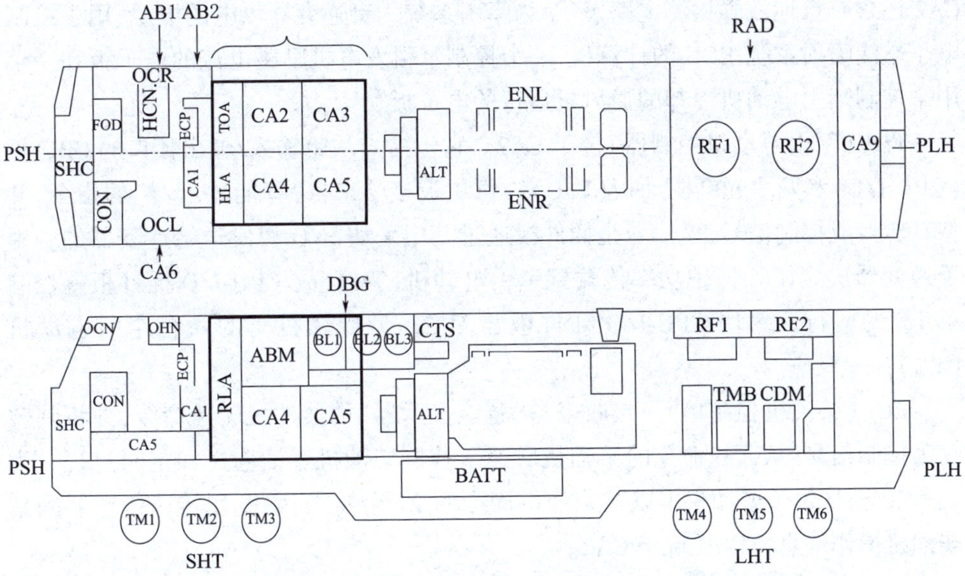

AB1～2—空气制动柜；ABM—辅助通风机电机；BL1～3—电阻制动通风机；CA1—控制区 1；CA2—控制区 2；CA3—控制区 3；CA4—控制区 4；CA5—控制区 5；CA6—控制区 6；CA9—控制区 9；CDM—空压机电机；CON—主司机操纵台；CTS—启动转换开关；DBG—电阻制动电阻栅；ECP—柴油机控制面板；ENL—柴油机左侧；ENR—柴油机右侧；FOD—冰箱区；HCN—副操纵台；LHT—后转向架；OCN—主司机顶操纵台；OCL—司机室左侧；OCO —司机室顶部；OCR—司机室右侧；OHN—副司机顶操纵台；PLH—后车底架；PSH—前车底架；RAD—冷却室；RAL—冷却室左侧；RF1—冷却风扇 1；RF2—冷却风扇 2；RLA—电台室；ROO—顶端室；SHC—前端；SHT—前转向架；TOA—厕所；TMB—牵引电机通风机；TM1～6—牵引电机。

图 2-3　机车电气柜位置

5. 重联线状态；

6. 大气温度和总风缸 1 压力。

CIO 还执行下列主要输出控制任务（未列出全部数据）：

1. 启动柴油机；

2. 启动辅助发电机供电；

3. 控制电阻制动栅工作电流；

4. 控制空压机的运行；

5. 控制散热器百叶窗的工作；

6. 控制流经散热器的冷却水流量。

（二）CA2

CA2 位于机车辅助室前面，在副司机座椅一侧，是一个装有多种电气部件的分隔间。牵引电动机控制器板（TMC）以及为 CIO 和 TMC 供电的电源都放置于此。

CA2 还含有接地故障检测电路、三个为牵引系统六台逆变器供电的电源、用于控制电子燃油喷射系统 ECU 的计算机、一个控制牵引发电机励磁电流的电子板和一个用来控制牵引电动机冷却的通风机运行的电子板。

TMC(牵引电动机控制器)位于 CA2。它包括 6 块带输入/输出接口的 CPU 板(CPU-I/O)和两块光纤驱动板(F/O)。每块板接受来自“智能显示器”的指令,并将其转换成控制信号,该信号是插件板通过其中一块 F/O 板发送给逆变器的。由于逆变器决定了如何把功率传输到牵引电动机(TM),故 CPU-I/O 插件板就控制了 TM 的运行。六块 CPU-I/O 插件板与 HXN5 型内燃机车的六台牵引电动机(TM)一一对应。

ECU(柴油机控制单元)接收来自“智能显示器”的柴油机转速命令,并将其转变为控制信号,从而在命令的柴油机转速下控制柴油机燃油输送和定时过程。为此 ECU 还从位于柴油机上以及柴油机周围的 21 个压力、温度和转速传感器采集柴油机操作信息。ECU 位于 CA2。

牵引发电机励磁控制板(TAC)位于 CA2。TAC 将来自辅助发电机(AA)的交流电转换为直流电,并调节其电流值以控制牵引发电机输出的电功率量。

牵引设备通风机电机(TMB)位于散热器室内。该电机给牵引设备通风机供电,牵引设备通风机为 HXN5 型内燃机车上的牵引电机提供冷却空气。该电动机由“智能显示器”通过牵引通风机控制器(TBC)控制。TBC 位于 CA2,是一块电子板,用来将具有一定频率和电压的交流电转换为不同频率和电压的交流电。

CA2 以及 TAC、TMC、ECU 和 TBC 的位置如图 2-4 所示。

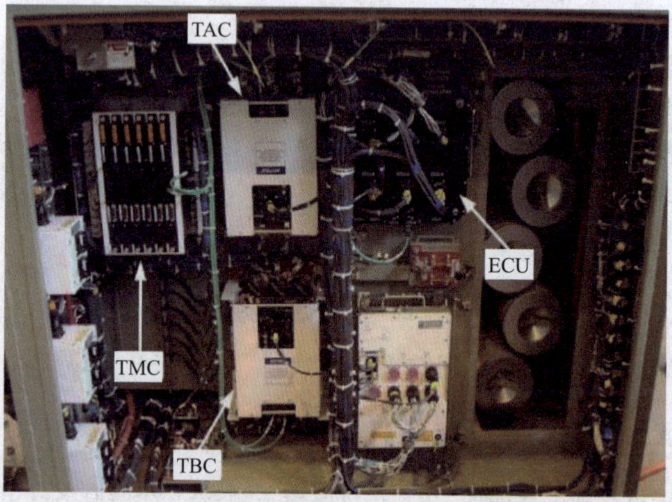

图 2-4　TAC、TMC、ECU 和 TBC 的位置

（三）CA3

CA3 中装有位于电气室内 CA2 的左侧(从机车背面看)。CA3 中装有 HXN5 型内燃机车上六台逆变器中的四台和用于显示牵引系统电容的充电状态的电路系统。CA3 位于辅助室内 CA2 的左侧(朝向机车的后面)。

（四）CA4

CA4 是一个位于辅助室司机一侧的分隔间。此处装有四个电子板,第一个用于控制蓄电池充电电压和 HXN5 型内燃机车低压电路;第二个用于控制辅助交流发电机 AAC 的励磁电流;第三个用于调整 1 号冷却风扇 RFC1 的交流辅助电源,使其正确运行;第四个用于调整 2 号冷却风扇 RFC2 的交流辅助电源,使其正确运行。此外还装有三个动力制动接触器,一个柴油机启动接触器,两个蓄电池动车接触器,一个燃油泵接触器以及一个柴油机预润滑接触器。该控制区内的其他装置包括两个牵引系统滤波电容放电继电器以及前转向架内的三台牵引电动机电流测量装置。

蓄电池充电:AA 的另一个输出绕组是蓄电池充电器供电绕组。该绕组提供 AC 输入电源到一个电子开关板,即蓄电池充电控制器(BCC)。在“智能显示器”控制下,该装置将来自 AA 的交流电转换为直流电,并调节其输出电压值以控制蓄电池充电速率。蓄电池充电器控制板还为 HXN5 型内燃机车工作时提供低压电路工作电源。蓄电池充电控制器(BCC)位于控制区 4(CA4),有一个车载微处理器并以与 TAC 和 AAC 相同的方法接收它的操作指令。实际上,TAC、AAC 和 BCC 具有相同的零件号,假如他们用同样的软件编程,那么所有三个板可以互换。

辅助发电机励磁控制板(AAC)位于 CA4。AAC 将来自 AA 的交流电转换为直流电,并调节其电流值以控制辅助发电机输出的电功率量。这意味着 AA 采取自励磁方式。

每个励磁控制板都有一个可与“智能显示器”通过串行数据通信链路通信的车载微处理器,接收操作指令,并提供工作状态反馈信息。

散热器风扇电机(RF1 和 RF2)位于散热器室,它们给两个散热器风扇供电。由 DS3 通过散热器风扇电机控制器 1(RFC1) 和散热器风扇电机控制器 2(RFC2) 控制。这两个电子板的硬件与 TBC 可以互换,位于 CA4 内,他们把某一电压和频率的交流输入信号转换为不同电压和电流的交流输出信号,RFC1 和 RFC2 以及 TBC 都有微处理器,执行输入—输出频率和电压转换,并与智能显示器通信用于显示。BCC、AAC、RFC1 和 RFC2 的位置如图 2-5 所示。

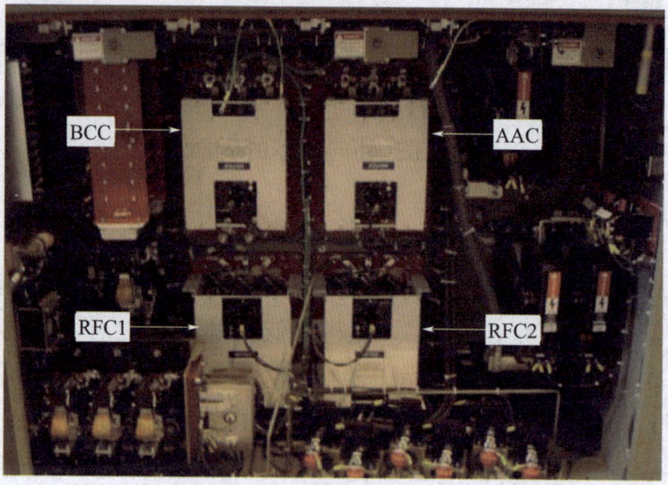

图 2-5　BCC、AAC、RFC1 和 RFC2 的位置

（五）CA5

其余的两台逆变器，以及主整流器，牵引系统所有主要部件，都安装在 CA5 内，CA5 位于辅助室司机座椅一侧 CA4 的右面。CA5 内还装有测量牵引电动机电压的部件和装于后转向架上的牵引电动机电流测量装置。安装在该控制区内的其他装置是用于柴油机启动的两个继电器。

整流器模块（RMA、RMB、RMC）位于控制区 5（CA5），如图 2-6 所示。这些整流器将 TA 输出的交流电（AC）转换为直流电（DC）并通过直流环节提供给逆变器，在这里直流电被转换回交流电提供给牵引电动机。

（六）CA6

CA6 位于司机室下面，沿机车的副司机座椅一侧。其内装有司机室加热装置，一个用于滤掉 BCC 供电的蓄电池充电电流中的变化的地面蓄电池充电电感器，还有两个限制电流用的电阻器，这两个电阻器是后头灯电路的一部分。

（七）CA9

1. CA9 概述

CA9 位于散热器室的后面，其长度从机车的左侧延伸到机车右侧。

CA9 的一部分面对 HXN5 型内燃机车的后面，这部分从后平台可以接近。其

图 2-6 RMA、RMB 和 RMC 的位置

内安装了四个端子板，七个对外连接器，控制两台驱动空压机的电机转速的六个接触器，以及一个排气机的断路器。

CA9 的另一部分面向机车正面，从散热器室的里面可以接近。它装有两个控制散热器的百叶窗的电磁阀，两个操纵水流换向阀的电磁阀，两个撒砂控制电磁阀以及一个操纵总风缸排水阀的电磁阀和两个监控 1 号总风缸的压力传感器。七个对外连接器从 CA9 的这部分可以接近。

2. CA9 前部的设备布置

主风缸 1 号传感器和总风缸 1 号冗余传感器（MR1&MRR）：位于 CA9 的前部，从散热器室后面可以接近。MR1&MRR 检测 MR1 内的压力，并把数据传送给 CIO，在此进入智能显示器 DS3 以确定以便确定何时需要启动压缩机工作。

FSMV1 和 FSMV2：水流控制电磁阀。

SMV1 和 SMV2：百叶窗电磁阀。

五、HXN5 型内燃机车主要系统和部件

HXN5 型内燃机车主要系统和部件有通用控制系统、牵引系统、润滑油系统、柴油机冷却水系统、燃油系统、燃烧空气系统、设备冷却空气系统、压缩空气系统和辅助电源系统。

（一）通用控制系统

这种通用控制系统或体系结构就是被称作通用控制体系结构或 CCA。CCA

采集来自司机的命令和来自 HXN_5 型内燃机车上其他系统的数据，并用其来调整电功率的产生和分配，以使机车能够牵引客车或货车。由于这些任务的复杂性，所以 CCA 包含下列主要部件：

1. 三台机车控制计算机，称作智能显示器。在原理图中分别以 DS1、DS2 和 DS3 表示。

三台“智能显示器”根据司机命令承担着对 HXN_5 型内燃机车的运行控制任务。它们是主控计算机，“智能显示器”还控制所有其他电子控制系统部件的工作，并协调第三方设备执行的功能，如电子空气制动、事件记录、燃油液面监测和全球定位。

“智能显示器”还作为人—机接口用于显示功能，主要是显示机车牵引列车时的运行信息。在维护和修理状态时，“智能显示器”能用来显示机车和柴油机运行数据（称作监测参数）以及禁止机车运行的异常/故障信息。“智能显示器”还可用来要求 HXN_5 型内燃机车对设备各个部件的工作状态进行检查（称作自测试）。DS1 和 DS2 位于司机室的司机操纵台上，而 DS3 位于副司机操纵台上。

2. 一组计六块计算机插件板，分别用来控制六个逆变装置/牵引电动机组，其统称为牵引电机控制器或 TMC。

3. 一个用于控制柴油机燃油喷射控制的计算机板，其被称为柴油机控制单元或 ECU。

4. 一个微处理器控制板 CIO，用来综合必须由智能显示器执行的输入/输出操作。

（二）牵引系统

牵引系统从电子控制系统获得控制指令，并且执行以下任务：由柴油机产生 5 900 马力的机械功率，将其转换为 4 400 kW 的电功率，再将此电功率分配给 6 台牵引电动机，最终又转换回机械功率以牵引客运/货运列车运行。该系统的主要部件如下：

1. 柴油机

GEVO16 柴油机位于柴油机间。它是源动力或称动力源，是由涡轮增压器驱动，16 缸 45°排列，四冲程的大功率柴油机，自由端不固定，柴油机功率为 4 660 kW，柴油机上两个增压器、两个中冷器均设在自由端，采用双排气总管，每个总管驱动一个增压器；采用单水泵循环。GEVO16 柴油机轮廓如图 2-7 所示。

GEVO16 柴油机采用电子控制燃油喷射系统，电子控制高压柱塞式燃油喷射

图 2-7 GEVO16 柴油机轮廓

泵，取消了联合调节器和供油拉杆装置；柴油机启动方式为蓄电池逆变为交流电后供给牵引发电机启动。曲轴箱内为负压，曲轴箱内压力低于大气压。

2. 牵引发电机（TA）

牵引发电机（TA）位于交流发电机室，紧靠柴油机后端。TA 的转子与柴油机曲轴相连接。TA 将机械功率转换为电功率。

3. 整流器模块（RMA、RMB、RMC）

整流器模块位于控制区 5（CA5），这些整流器将 TA 输出的交流电（AC）转换为直流电（DC）并通过直流环节提供给逆变器，在这里直流电被转换回交流电提供给牵引电动机。

4. 功率调节设备

功率调节设备由一排计 36 个电子开关以及一套动力制动接触器（位于 CA4）构成，前者又称为相位模块，由此构成 6 个逆变器（位于 CA3 和 CA5 内）。该设备用于控制与牵引电动机之间往返的功率传递，以此决定机车地面行驶速度和行驶方向，或者提供电阻（动力）制动。

5. 牵引电动机（TM1～TM6）

这些电动机用于将电能转换为机械运动以牵引货车运行。在 HXN5 型内燃机车上，牵引电动机由交流电源供电。具有以下优点：

(1)电机单位体积和单位重量下功率大。采用无专门机座的轻量化结构以及由专用铜合金的导条和专用铜合金的端环焊接而成，转子没有线圈，降低了转子的故障率。

(2)适应性能强。在恶劣的风沙、雨雪气候、酸碱性气体影响侵蚀以及沿海多雨潮湿的环境下能可靠应用。

(3)匹配性能高。能够消除机车本身布置时的轴重不等、牵引时的轴重转移、机车轮径的差异、电机制造中的特性差异、逆变器输出的差异等因素造成的影响。

(4)没有换向器及电刷,便于日常的保养维护。

(三)润滑油系统

润滑油系统通过减少柴油机内部所有运动部件间的摩擦而为柴油机提供良好的工作条件。润滑油系统还带走了柴油机内部摩擦和燃烧所产生的热量。HXN5 型内燃机车润滑油流向如图 2-8 所示。

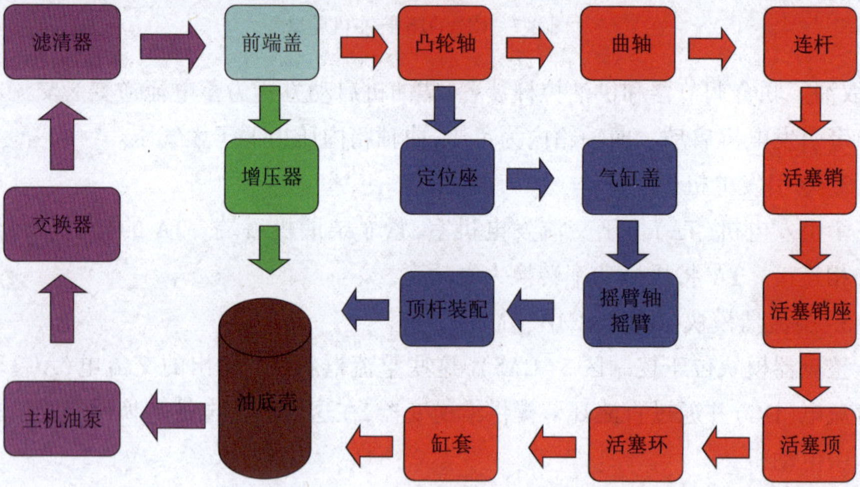

图 2-8　HXN5 型内燃机车润滑油流向图

在此将不讨论关于润滑油系统的所有部件,而主要关注与通用控制体系结构的接口部分:柴油机润滑油温度传感器、柴油机润滑油入口温度传感器、柴油机润滑油供油压力传感器、柴油机润滑油入口压力传感器和曲轴箱过压传感器。

1. 柴油机润滑油温度传感器(ELOT)

插在柴油机润滑油泵与润滑油冷却器之间的管路内。ELOT 传感器测量的是柴油机出口润滑油温度。该信息由柴油机管理软件传送至柴油机控制单元(ECU),为其他水温传感器和润滑油温度传感器提供支持。

2. 柴油机润滑油入口温度传感器(ELIT)

插在柴油机前端盖的润滑油进油管内。ELIT 传感器的用途是测量柴油机入口润滑油温度。该信息由 ECU 检测,管理软件采用该信息以保护柴油机避免在温度过高或过低的环境中工作可能出现的损坏。

3. 柴油机润滑油供油压力传感器(ELIP)

位于柴油机的右上方,就在左 8 动力组的后面,ELIP 传感器用于测量到达左 9 凸轮轴承的润滑油压力,该信息由 ECU 检测,防止柴油机因润滑油压力低而损坏。

4. 柴油机润滑油入口压力传感器(ELSP)

安装于润滑油滤清器的输出管内,与柴油机润滑油入口相连。ELSP 测量柴油机入口处润滑油的压力,该信息由 ECU 检测,防止柴油机因润滑油压低而损坏,ELSP 还可以作为 ELIP 故障时的备用。

5. 曲轴箱过压传感器(COP)

安装于柴油机的上方、左侧和后方,就在左 8 动力组的后面。COP 传感器用于测量曲轴箱内的压力,并将此状态信息传送给 ECU 以确定曲轴箱压力是否超限。若曲轴箱压力过大,柴油机控制软件将要求柴油机停机,保护其曲轴箱不产生破坏性爆炸。

由于 GEVO16 柴油机的设计结构中采用了精密公差,柴油机启机前通常需要预润滑,为此在 HXN5 型内燃机车上添加了一台预润滑泵。预润滑泵电机(PLM)是一台直流电机。当 GEVO16 柴油机需要预润滑时,DS3 就命令 CIO 启动一个预润滑泵电机接触器(PLC),把 PLM 与蓄电池接通。PLC 装在控制区 5(CA5),PLM 安装在散热器室内。

(四)柴油机冷却水系统

柴油机冷却水系统用于保证柴油机在合适的温度下运行。在“智能显示器”控制下,经散热器冷却的水被输送到柴油机,以使其保持在适当的温度下工作。HXN5 型内燃机车冷却系统及相关零部件如图 2-9 所示。

HXN5 型内燃机车冷却系统的特点:

1. 只有一个水泵,流向阀控制冷却水流向。

2. 冷却水有两种模式,排放控制模式和热机控制模式。

3. 单节分为三部分:主散热单节、子散热单节 1、子散热单节 2。

4. 低温冷却水参加高温冷却。

5. 空压机为水冷。

6. 设有一个手动排水阀,两个自动排水阀,保护柴油机。

7. 单节为顶置式,采用干冷式,柴油机在停机或低转数时单节内水流回水箱,有利于对冷却水保温。

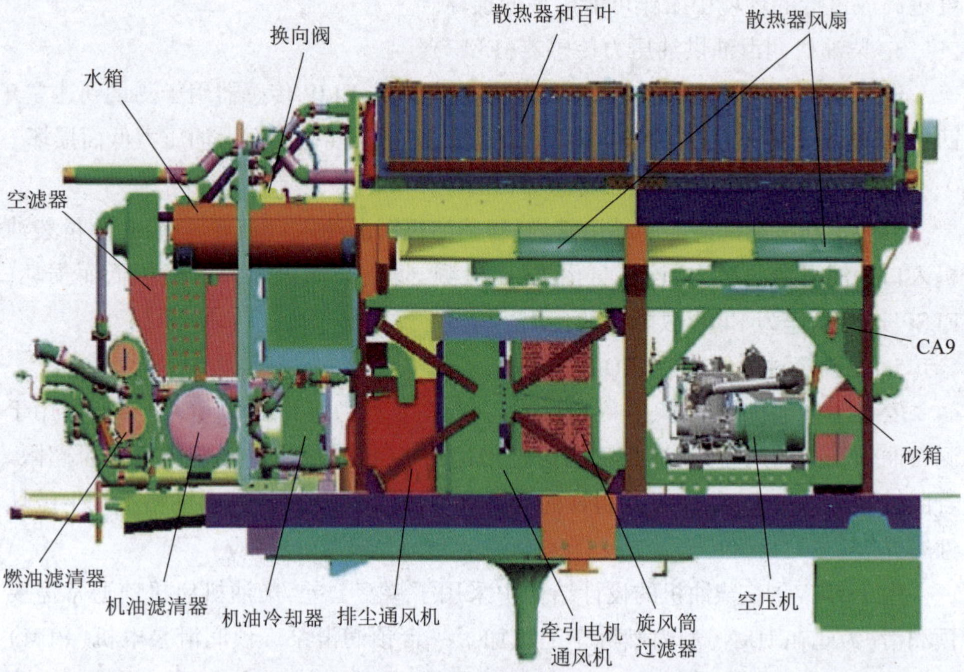

图 2-9　HXN5 型内燃机车冷却系统及相关零部件

8. 冷却风扇采用电机驱动。

9. 百叶窗为电磁阀控制,压缩空气驱动,顶置式。

10. 冷却水系统采密封式。

通过 ECU 和 CIO 与控制系统接口有关的部件:两个柴油机水温传感器,一个柴油机水压传感器,一个水位传感器,两个水流量控制电磁阀,以及两个散热器百叶窗电磁阀。

1. 柴油机进水温度传感器(EWIT)安装在柴油机前端盖和柴油机水泵之间的水管内,在涡轮增压器正下方从机车 B 侧可以接近。EWIT 测量进入柴油机的冷却水温度并送至 ECU,由柴油机管理软件来保护柴油机免受因工作温度过高引起的损坏。

2. 柴油机出水温度传感器(EWOT)安装在柴油机和散热器之间的连接水管内。从水箱之间和水箱正上方的散热器室可以接近。EWOT 用于测量柴油机出口冷却水温度并输入至 ECU,如果 EWIT 出故障,这个数据作为备用。

3. 柴油机进水压力传感器(EWIP)安装于柴油机后上方,就在左 8 动力组的后面。EWIP 测量供给柴油机左 8 动力组的冷却水压力,并将信息发送 ECU,柴油机管理软件用此压力信息防止柴油机因水压过低而损坏。

4. 柴油机冷却水位 1 号传感器位于柴油机与水箱的连接管内。EW1L 是一种光学传感器，检测冷却系统中有水存在，并将数据发送到 ECU，防止柴油机在无冷却水的条件下运行。

当有必要时，正如上面所列传感器和其他传感器提供的信息显示的那样，DS3 可以操纵用来控制 HXN5 型内燃机车从散热器到柴油机之间水流量的两个电磁阀。在一种设定值下，冷却水用于控制 GEVO 的排放，冷却水被引入燃烧空气中冷器，降低进气总管内的空气温度；在另一种设定值下，冷却水用于控制 GEVO 的温度，冷却水被引向柴油机对其进行进一步冷却。DS3 通过 CIO 操纵水流控制电磁阀 FSMV1 和 FSMV2。DS3 还可以通过打开和关闭百叶窗，控制空气流量来调节冷却效果，然后 DS3 有输出驱动器，通过 CIO 启动 SMV1 和 SMV2，百叶窗电磁阀 1 和 2 开启和关闭百叶窗。

（五）燃油系统

燃油系统主要设计用于为柴油机提供恒定的供油量。当燃油温度过低而不适合柴油机工作时，该系统将自动采用来自柴油机冷却系统的热水来加热燃油。燃油系统的另一作用是利用尚未送给柴油机燃烧的燃油为高压燃油设备提供冷却和润滑。系统累积了这些未曾燃烧的燃油并将其返回燃油箱以备后用。HXN5 型内燃机车燃油流向如图 2-10 所示。

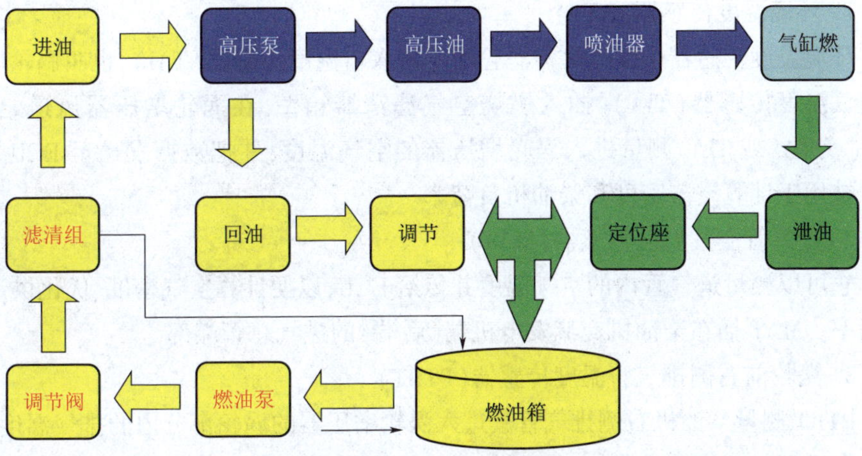

图 2-10　HXN5 型内燃机车燃油流向

在燃油系统中，我们将特别关注经 ECU 与 CIO 与控制系统接口的四个部件。

1. 燃油供油压力传感器（EFP）

EFP 传感器用于测量 GEVO16 柴油机燃油的供油压力，并将该数据送至 ECU，在这里柴油机管理软件用此信息来检测柴油机初始状态并实现低压燃油系统诊断。EFP 位于柴油机左侧一个内装有调节阀的箱体的回油管内。

2. 燃油泵接触器（FPC）

FPC、CIO 和 ECU 的控制输出信号启动，这两种信号必须同时接通。启动后，FPC 使蓄电池给燃油泵电机供电。FPC 装在 CA4 内。

3. 燃油泵电机（FPM）

FPM 将燃油输送到低压燃油供油管，它是一种交流装置，由蓄电池供电，因此它有一个集成的逆变器。FPM 安装在散热器室内。

（六）燃烧空气系统

燃烧空气系统用于提供已经过滤清、加压和温度调节的空气源以保证柴油以清洁有效的方式在燃油机气缸内燃烧。ECU 对提供的燃烧空气的温度和压力进行监视，并据此调节柴油机的燃油供油量。ECU 将这些信息送至“智能显示器”，在必要时，它利用 CIO 来调节燃烧空气系统的温度。控制系统采用 5 个温度传感器和 1 个压力传感器来监控燃烧空气系统的运行。5 个温度传感器分别是：环境温度传感器，进气管空气温度传感器，涡轮前排气管温度传感器（左、右侧各一个）和热电偶补偿温度传感器；1 个压力传感器是进气管空气压力。

1. 环境温度传感器（ATT）

环境温度传感器（ATT）又称涡轮增压器入口温度传感器（TAI），也叫涡轮增压器进气温度传感器（TIA），插入燃烧空气滤清器箱壁，在涡轮增压器风道之间。ATT（或 TAI 或 TIA）测量进入涡轮增压器的空气温度，并把数据发送至 ECU。该信息被用于计算空气密度和柴油机负荷率。

2. 进气管空气温度传感器（MAT）

它可以测量进气管内的空气温度并传给 ECU，以便计算空气密度、优化供油和负荷率。MAT 插在柴油机交流发电机端（后端）的进气总管端部。

3. 涡轮前右侧排气管温度传感器（PTRT）

PTRT 测量柴油机右侧排气管其进入涡轮增压器的涡轮部分内的排气温度，并将信息送至 ECU。若排气温度过高，ECU 将使柴油机降功率运行。PTRT 安装在右侧排气管内与涡轮增压器的连接点处。

4. 涡轮前左侧排气管温度传感器(PTLT)

PTLT 测量柴油机左侧排气管其进入涡轮增压器的涡轮部分内的排气温度,并将信息送至 ECU。若排气温度过高,ECU 将使柴油机降功率运行。PTLT 安装在左侧排气管内与涡轮增压器的连接点处。

5. 热电偶补偿温度传感器(TCMP)

TCMP 测量柴油机连接器 A 在热电偶连接点处的温度并将该信息送至 ECU 以使它能够消除 PTRT 和 PTLT 的读数误差。TCMP 安装在 GEVO16 柴油机左侧的柴油机连接器 A 内。

6. 进气管空气压力传感器(MAP)

它与 MAT 相邻,在进气总管端部内,从柴油机的后部可以接近。MAP 传感器向 ECU 提供测得的进气管空气压力,以用来计算最优燃油/空气比。当 MAP 传感器读数太低,柴油机功率将降低,有可能转速也降低。

当有必要时,正如上面所列传感器和其他传感器提供的信息显示的那样, DS3 可以通过改变散热器到中冷器的水流量对燃烧空气的温度进行调节。DS3 通过 CIO 操纵水流控制电磁阀 FSMV1 和 FSMV2。考虑到季节变化,可以通过人工操纵冬季/夏季门对燃烧空气加热或冷却。

(七)设备冷却空气系统

HXN5 型内燃机车装有一些大型机电设备以实现牵引货车的功能。这些设备包括牵引发电机(TA)、辅助发电机(AA)和 6 台牵引电动机。所有这些设备在从机械能转换为电能然后再转换成机械能时都将产生大量的热量。HXN5 型内燃机车需要一种手段来给这些设备散热,而设备冷却空气系统正是用来承担这一任务的。冷却空气系统还为辅助室的逆变器和电子部件等装置提供散热条件。因此 DS3 可以对设备冷却空气系统进行合理控制,它接收来自两个传感器的输入信息。

1. 大气压力传感器(BAP),也就是大气压力变换器,安装在辅助室内控制区 2(CA2)的壁上。BAP(BPT)用于测量大气压力,其信息送至 ECU 用以计算所有冷却系统的空气密度并提供柴油机保护。

2. 环境温度传感器(AT)位于控制区 5(CA5)内。AT 测量 CA5 内靠近逆变器的环境空气温度,其信息送至 CIO 板用以计算牵引设备通风机电机的正确转速,以便于为牵引电动机提供足够的冷却,与此同时通过将柴油机加载到尽可能低的程度,从而保持高的燃油效率。

（八）压缩空气系统

HXN5 型内燃机车采用几种不同方式为机车上的所有系统的部分装置供电。在本书所讨论的设备中，大多数是用电来带动其工作的。然而，某些重要设备需要比只由电提供的力更多的力。在这些情况下，HXN5 型内燃机车保留了一个压缩空气源以驱动一些装置，如制动系统、柴油机冷却用的水流控制阀、冷却水系统中的散热器百叶窗等。DS 利用 CIO 控制压缩空气系统的操作。CIO 有输入信息，检测储存压缩空气的风缸何时需要重新充气，以及输出信息，操作电机给压缩机供电，通过压缩机启动气流。压缩空气系统工作时所涉及的传感器是：测量总风缸 1 压力的压力传感器（MR1 和 MRR），测量压缩机驱动电机（ACS 和 BCS）转速的速度传感器，以及测量空压机排气压力的压力传感器（CAP 和 CBP）。

空压机驱动接触器（CDC11、CDC12、CDC13、CDC21、CDC22、CDC23）为空压机驱动电机（CDM1 和 CDM2）提供电能，设置电机工作的转速。空压机旁通阀（CBPVA 和 CBPVB）每个空压机对空气进行压缩，在空压机加载前，需要对放油阀（CMV）进行加热时，该放油阀将空压机油再循环使用。

1. 主风缸 1 传感器和总风缸 1 冗余传感器（MR1 和 MRR）位于 CA9 的前部，从散热器室后面可以接近。MR1 和 MRR 检测 MR1 内的压力，并把数据传送给 CIO，在此进入智能显示器 DS3 以确定以便确定何时需要启动压缩机工作。

2. 空压机转速传感器（ACS 和 BCS）位于空压机驱动电机和每个空压机机头之间。ACS 和 BCS 把 CDM 是否工作以及工作转速的信息传送给 CIO。CIO 把这个数据发送到 DS3，检查该数据，注意是否存在问题。

3. A 侧压缩机排气温度传感器和 B 侧压缩机排气温度传感器（CAT 和 CBT）位于每台空压机的出气管上，与空压机头相邻。CAT 和 CBT 检查空压机出口温度，把数据发送给 CIO，再到 DS3 进行分析。每台空压机头有其自己的传感器，在一个传感器或空压机出故障时仍能使另一台空压机保持运行。

4. A 侧压缩机排气压力传感器和 B 侧压缩机排气压力传感器（CAP 和 CBP）位于每台空压机的出气管上，与空压机头相邻。CAP 和 CBP 检查空压机出口压力，把数据发送给 CIO，再到 DS3 进行分析。每台空压机头有其自己的传感器，在一个传感器或空压机出故障时仍能使另一台空压机保持运行。

5. 空压机驱动接触器（CDC11、CDC12、CDC13、CDC21、CDC22、CDC23）给 CDM1 和 CDM2 供电，并设置其转速；所有六个接触器位于 CA9 内。

6. 空压机旁通阀（CBPVA 和 CBPVB）安装在各自空压机驱动电机的上方，

CBPVA 和 CBPVB 用来在无负载状态下启动其空压机驱动电机防止其失速。一台 CDM 启动后大约 2 s,相应的旁边阀为其空压机加载。

7. 空压机放油阀(CMV)安装在公共油缸的上方。CMV 可以使油穿过整个空压机而不会把空气送至机车风缸。这样会把油加热,在空压机压缩空气以前优化其性能。

(九)辅助电源系统

辅助电源系统提供驱动 HXN5 型内燃机车上所有其他系统的电源,也向"智能显示器"和其他系统设备之间提供一些接口。辅助电源系统由交流发电机励磁、蓄电池充电和辅助电机供电子系统三个主要电源子系统组成。

1. 辅助发电机

在论述各子系统之前,先专门讨论辅助电源系统中的唯一最重要的设备辅助交流发电机(AA)。AA 为机车车载系统供电,所以它是辅助电源系统中所有三个子系统的主要部件。它位于牵引发电机(TA)后部,而 TA 位于柴油机后部。辅助发电机有三个输出绕组,每套绕组为以下将讨论的三个子系统之一提供电能。

2. 交流发电机励磁

HXN5 型内燃机车上有一台交流发电机,但它包含牵引发电机(TA)和辅助发电机(AA)两个主要部件。两者产生的电能来自两个渠道:来自柴油机的机械能(旋转运动)和电气励磁(直流电流产生电磁场,再利用磁电效应在发电机输出绕组中产生电压)。

辅助发电机三个绕组之一的励磁供电绕组,提供交流(AC)电源给由"智能显示器"控制的两个电子板 TAC(牵引发电机励磁控制板)和 AAC(辅助发电机励磁控制板)。这两个电子板分别将交流电转换为直流电以供主、辅发电机的磁场绕组励磁。

(1)牵引发电机励磁控制板(TAC)位于控制区 2(CA2)。TAC 将来自辅助发电机(AA)的交流电转换为直流电,并调节其电流值以控制牵引发电机输出的电功率量。

(2)辅助发电机励磁控制板(AAC)位于控制区 4(CA4)。AAC 将来自 AA 的交流电转换为直流电,并调节其电流值以控制辅助发电机输出的电功率量。这意味着 AA 采取自励磁方式。

每个励磁控制板都有一个可与"智能显示器"通过串行数据通信链路通信的车载微处理器,接收操作指令,并提供工作状态反馈信息。

3. 蓄电池充电

AA 的另一个输出绕组是蓄电池充电器供电绕组。该绕组提供 AC 输入电源到一个电子开关板蓄电池充电控制器(BCC)。在“智能显示器”控制下,该装置将来自 AA 的交流电转换为直流电,并调节其输出电压值以控制蓄电池充电速率。蓄电池充电器控制板还为 HXN5 型内燃机车工作时提供低压电路工作电源。蓄电池充电控制器(BCC)位于控制区 4(CA4),有一个车载微处理器并以与 TAC 和 AAC 相同的方法接收它的操作指令。实际上,TAC、AAC 和 BCC 具有相同的零件号,假如他们用同样的软件编程,那么所有三个板可以互换。

4. 辅助电机供电

AA 的最后一个输出绕组是辅助电动机供电绕组。它向维持机车运行的一组 7 台感应式电动机提供交流电。这些电动机是:交流发电机通风机电机、排风机电机、牵引设备通风机电动机、两台空压机驱动电机、两台散热器风扇电机。各电动机分述如下。

(1)发电机通风机电机(ABM)位于辅助室内,在 CA2 和 CA4 的上方。该电机驱动交流发电机通风机,给牵引发电机 TA 和辅助发电机 AA 以及辅助室内电源变换设备供电。ABM 单独工作,即只要 AA 发电,通风机电机就工作,不受外界控制。

(2)排风机电机(EM)位于散热器室内。该电机给排风机供电,为燃烧空气系统和牵引电机冷却空气系统的一级滤清器提供清洁空气。总之,只要 AA 发电,排风机电机就工作。

(3)牵引设备通风机电机(TMB)位于散热器室内。该电机给牵引设备通风机供电,牵引设备通风机为 HXN5 型内燃机车上的牵引电机提供冷却空气。该电动机由“智能显示器”通过牵引通风机控制器(TBC)控制,后者是一块电子板,其用来将具有一定频率和电压的交流电转换为不同频率和电压的交流电。TBC 位于控制区(CA2)。

(4)空压机驱动电机(CDM1 和 CDM2)位于散热器室内。这些电机分别给其各自的空压机供电,为空气制动机及其风动装置提供压缩空气。DS3 通过几个速度选择接触器来控制空压机驱动电机。

(5)散热器风扇电机(RF1 和 RF2)位于散热器室,它们给两个散热器风扇供电。由 DS3 通过 RFC1 和 RFC2 散热器风扇电机控制器 1 和散热器风扇电机控制器 2 控制。这两个电子板,硬件与 TBC 可以互换,位于 CA4 内,把某一电压和频率的交流输入信号转换为不同电压和电流的交流输出信号,RFC1 和 RVC2 以及 TBC 都有微处理器,执行输入-输出频率和电压转换,并与智能显示器通信用于显示。

第二节　机车结构总体布置

HXN5 型内燃机车是大功率交—直—交电传动内燃机车，由额定功率为 4 660 kW（海拔 2 500 m，环境温度 23 ℃）的 GEVO16 型柴油机、交流电传动和控制系统、车体、转向架、机车润滑系统、机车冷却系统、机车燃油系统、空气滤清系统、设备通风系统、CCB Ⅱ 型空气制动系统等所组成。HXN5 型内燃机车外形如图 2-11 所示。

图 2-11　HXN5 型内燃机车外形

HXN5 型机车各组部件及系统的各项设备在机车内的布置情况如图 2-12 所示。

机车为外走廊底架承载式结构。机车分上下两部分，上部为车体及安装在其上的设备，下部两端为转向架，中部设有承载式燃油箱。车体上面部分为相对独立的 4 个室：司机室（OP）、辅助/逆变室（AUX）、发电机室（ALT）、柴油机室（ENG）和冷却室（RAD）。

车体左、右两侧在辅助/逆变室中间部位和冷却室后端部位均设有供司乘人员上、下的扶梯；司机室后端墙左、右两侧设有通往机车外部的门。

车体车架前后两端都装有牵引车钩和橡胶缓冲器；车钩左、右两侧有制动管，空气重联管及重联电缆等。车架中部为承载式燃油箱，燃油箱右侧设有两个总风缸，两总风缸间装有高压安全阀；总风缸前端依次设有空气干燥器、辅助用风精滤器，后端设有制动用风精滤器；燃油箱左侧设有蓄电池箱。

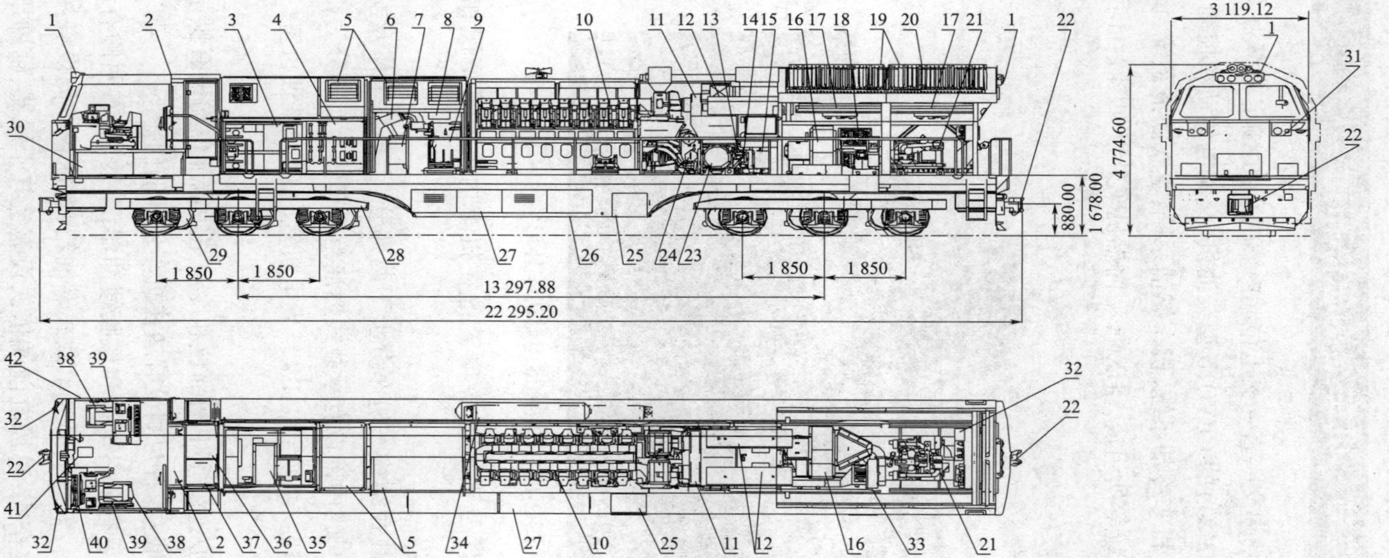

1—头灯；2—控制设备柜；3—牵引逆变器；4—功率装置柜；5—电阻制动装置；6—主发通风道；7—辅助发电机；8—CTS 起机转换开关；9—主发电机；10—柴油机；11—空滤器；12—冷却水箱；13—低压燃油泵；14—启动机油泵；15—机油热交换器；16—牵引电机通风机；17—冷却风扇；18—电机通风滤清器；19—散热器百叶窗；20—散热器；21—空压机；22—车钩；23—机油滤清器；24—燃油滤清器；25—污油箱；26—燃油箱；27—蓄电池箱；28—转向架；29—牵引电机；30—空调；31—标志灯；32—砂箱；33—排尘风机；34—总风缸；35—逆变/主发通风机；36—卫生间；37—行车安全设备柜；38—座椅；39—取暖气；40—操纵台；41—冰箱；42—制动柜。

图 2-12　HXN5 型内燃机车总体布置

HXN5 型内燃机车各室布置如图 2-13 所示。

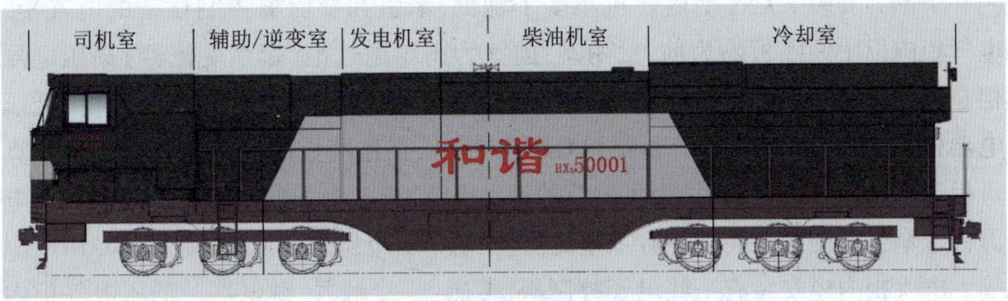

图 2-13 HXN5 型内燃机车各室布置

一、司机室

司机室是机车司机、副司机工作的区域。

司机室前端壁下部左右两侧设有前转向架的砂箱，上部装有两块具有防霜、加热功能的 PVB 夹层玻璃的前窗，窗外设有气动刮雨器。前窗下面左右两侧设有标志灯。

两侧侧墙上部设有侧窗，侧窗下部有电热丝式加热器；两侧墙前外端还装有后视镜。顶棚前端中部为头灯。

司机室底板上部前端左侧和后端右侧分别设置有主操纵台和副操纵台，操纵台上安置了全部驾驶和信息控制设备。操纵台上布置有构成人—机接口的设备：司机主控制器、电子制动阀、智能显示器等；操纵台后端设有司机座椅。司机室前端前窗下部设有监控系统主机、信号系统主机、冰箱加热盘、电烤箱、灭火器和工具箱。司机室后端设有控制设备柜（CA1 控制区），控制设备柜门外侧设置了折叠座椅。控制设备柜的后端右侧为卫生间，左侧为行车安全设备柜。司机室上部顶上设有天花板；天花板中间后顶部装有照明灯；前顶端右侧设有 1 个风扇，左侧装有 1 个风扇和 1 个司机控制台灯。司机室底板下部为空气制动设备柜，其中还安装有空调等其他设备。

二、辅助/逆变室

辅助/逆变室内部以车顶底板将其分隔为上、下两部分：

上部前端为辅助通风机、主发电机通风机的进风区间，其车顶两侧设有 V 形滤网和离心式空气滤清器（空滤器栅），车顶前端中间设有排尘出风口；内部设置辅助通风机和排尘风机；后端为机车最前面一组电阻制动装置工作区间，两侧都装有制动电阻进风（下部）和排风（上部）百叶窗，内部安装有一组电阻制动装置。

下部为安装 HXN5 型内燃机车多个辅助、牵引和变流器控制设备的电气柜。电气柜内以中间隔板隔为前、后两室；前室为高压电气柜（牵引变流器）高压电器柜左侧为 CA5 控制区、右侧为 CA3 控制区，后室为低压电气柜（功率装置柜）低压电器柜左侧为 CA4 控制区、右侧为 CA2 控制区，在这些控制区内布置有 2 个计算机板和 1 个计算机电源；作为可调节的辅助电源，有 3 个 AC/DC 和 3 个 AC/AC 电源板。牵引系统的主要部件有主整流器、驱动牵引电机的变流器、变流器专用电源等。电气柜内还安装有一些电子控制板、传感器、接触器、继电器。低压电气柜内还设有变流器、主发电机通风机的通风道。

在辅助/逆变室与发电机间交界区设有变流器冷却用风出风管。

三、发电机室

发电机室分为上下两部分，上部为机车后面两组电阻制动装置工作区间，两侧都装有制动电阻进风（下部）和排风（上部）百叶窗，内部安装有两组电阻制动装置。下部安装有主发电机[牵引发电机（TA）和辅助发电机（AA）串联]以及用于启动柴油机的 CTS 起机转换开关。

四、柴油机间

柴油机间内安装有 GEVO16 型柴油机。柴油机输出端左侧设有盘车机构的接口。柴油机排气烟囱（消音器）安装于柴油机自由端增压器出口与后顶盖相关联。柴油机间中部顶盖外端安装有风喇叭。

五、冷却室

冷却室可分为前、后两部分。

前半部分上方装有冷却水箱、空滤器（柴油机空气滤清箱组件）；下方为集成的柴油机支持系统，其中包括机油滤清器、机油热交换器、燃油加热器、燃油滤清器、启动机油泵和低压燃油泵。

后半部分上面为冷却系统冷却装置封闭作业区，冷却装置上方设有由压缩空气驱动的散热器百叶窗，百叶窗下方为散热器，散热器下部装有冷却风扇；其左右两侧安装有供散热器进风的 V 形滤网。在冷却装置封闭作业区下部空间内，前端为牵引电机通风机、通风机滤清器及排尘风机；后端为空压机及供空压机冷却用的翅片管式冷却器。

冷却室后端墙上装有 CA9 控制箱，左右两侧还装有供后转向架用砂的砂箱。

第三节　机车主要技术参数

一、机车总体技术参数

1. 型号	HXN5 型
2. 用途	客、货运
3. 传动方式	交流传动（AC-DC-AC）
4. 操纵方式	单司机操纵（保留副驾驶座椅）
5. 重联功能	机车具有电气和空气系统重联功能（同型号机车之间）
6. 限界	符合《铁路技术管理规程》（以下简称《技规》）限界要求
7. 轨距	1 435 mm
8. 轴式	C_0-C_0
9. 机车整备质量	150×（1±3%）t
10. 轴重（标称）	25×（1±3%）t
11. 车轮	整体碾钢车轮
12. 轮径	新轮 1 050 mm，全磨耗 950 mm
13. 额定功率（主发输入功率）	4 400 kW（AAR 标准状态）
14. 牵引（轮周）功率	4 003 kW（AAR 标准状态）
15. 牵引力	
（1）启动牵引力	620 kN（AAR 标准状态）
（2）持续牵引力	565 kN（AAR 标准状态）
16. 速度	
（1）最高运行速度	120 km/h
（2）持续速度	25 km/h（AAR 标准状态）
（3）恒功率速度范围	22.3～120 km/h（AAR 标准状态）
（4）最大恒功率速度	120 km/h
17. 最大电阻制动力	338 kN

18. 电阻制动功率	4 004 kW(AAR 标准状态)
19. 制动距离	≤1 100 m(单机平直道,轨面状态良好,制动初速 120 km/h 条件下,纯空气制动时的距离)
20. 最小通过曲线半径	145 m(三台机车重联,以 5 km/h 速度通过)
21. 最小摘挂曲线半径	250 m
22. 轴距	1 850 mm
23. 转向架中心距	13 298 mm
24. 机车尺寸	
(1)机车全长	(21 133±6)mm
(2)机车宽度	3 119 mm(司机室处)
(3)机车高度	4 770 mm
25. 车钩中心距	22 295 mm
26. 燃油箱容量(可用)	≥9 000 L
27. 砂装载量	500 L
28. 水装载量	1 100 L
29. 机油装载量	1 300 L
30. 车钩中心线距轨面高度	(880±10)mm
31. 自负荷试验	电阻制动装置容量满足机车最大自负荷试验

二、机车主要组部件技术参数和结构特征

（一）柴油机

1. 主要技术参数

(1)型号	GEVO16
(2)型式	45°V 形排列,16 缸,4 冲程,涡轮增压,中冷
(3)缸径与冲程	250 mm×320 mm
(4)燃烧室压缩比	16. 8 : 1
(5)气缸总排量	251. 3 L
(6)柴油机转速	
①额定转速	1 050 r/min
②正常怠速转速	440 r/min

③最低怠速转速	440 r/min
(7)活塞平均速度	11.2 m/s(额定转速 1 050 r/min)
(8)在 UIC 标准大气条件下，额定功率时的平均最大爆发压力	19.5 MPa
各缸间压力差	不大于 1 MPa
(9)在 UIC 标准大气条件下，额定功率下平均有效压力	2.12 MPa
(10)在 UIC 标准大气条件下，最低工作转速的压缩压力	5.1 MPa
各缸压缩压力差	小于 0.25 MPa
(11)润滑油消耗	小于燃油消耗率的 0.35%
(12)外形尺寸(长×宽×高)	5 105 mm×1 771 mm×2 603 mm
(13)柴油机质量	24 857 kg

2. 结构特征

(1)机体	带加强筋和角撑的单件铸铁结构
(2)气缸套	离心铸铁,全加工
(3)曲轴	硬化高质量钢材锻造,轴颈表面精磨
(4)杆	锻钢,连杆并排安装、结合面带倾角
(5)减振器	黏性减振器
(6)涡轮增压器	
①增压方式	恒压
②型式	单级离心式
(7)中冷器	铜制管和散热鳍片、钢制壳体
(8)主机油泵	曲轴齿轮驱动、正排齿轮泵
(9)电子控制燃油控制系统	
①型式	单体喷油泵、喷油器
②控制方式	速度调节
③喷油器结构	全机械式
④喷油泵结构	电子控制高压燃油喷射泵
(10)冷却水泵	曲轴齿轮驱动、离心式叶轮水泵

（二）交流电传动和控制系统

1. 主发电机(柴油机额定转速 1 050 r/min 时)

(1)型号	GE5GM201
(2)容量	4 690 kV · A,功率因数为 0.955
(3)输出电压(整流后)	DC 1 400 V
(4)输出电流(整流后)	DC 3 100 A
(5)励磁绕组电压	74 V
(6)励磁绕组电流	400 A
(7)质量	7 806 kg

2. 辅助发电机(柴油机额定转速 1 050 r/min 时)

(1)容量	480 kV · A
(2)输出线电压	三相
	68 V(励磁绕组)
	201 V(蓄电池充电绕组)
	402 V(通风机绕组)
(3)输出电流	三相
	330 A(励磁绕组)
	390 A(蓄电池充电绕组)
	580 A(通风机绕组)
(4)质量	1 152 kg

3. 牵引变流器

(1)型号	17KG530
(2)质量	4 540 kg

以下为单个逆变器稳态数据

(1)输入电压(最大值)	1 400 V
(2)输入电流(最大值)	410 A
(3)输出电压(基波有效值)	1 100 V
(4)输出电流(基波有效值)	850 A
(5)功率模块参数	
模块数量	共 36 个,每轴 3(+)、3(-)

型号	17FM789(+),17FM7790(-)
冷却方式	强迫风冷
冷却风量(最小值)	5.9 m^3/min(柴油机转速 1 050 r/min)
模块质量	24.9 kg
模块体积	432 mm×356 mm×127 mm

4. 牵引电动机

(1)型号	GE 5GEB32
(2)功率	693 kW
(3)持续电流(基波有效值)	647 A
(4)最大启动电流(基波有效值)	851 A
(5)最高转速	3 560 r/min(轮径 950 mm、机车速度 120 km/h)
(6)冷却方式	强迫风冷
(7)质量	2 450 kg

5. 电阻制动装置(海拔 2 828 m,20 ℃自负荷)

(1)型号	3 个电机,3 个风扇,6 栅格 1 组,共 3 组
(2)输入电压	1 430 V
(3)输入电流(最大值)	2 960 A
(4)持续功率	4 233 kW
(5)质量(整个组件)	2 554 kg

6. 散热器冷却风扇电机

(1)型号	5GYA30
(2)输入电压	402 V(柴油机额定转速 1 050 r/min)
(3)输入电流	120 A
(4)功率	90 kW
(5)质量	757 kg

7. 辅助室、逆变器冷却风机电机

(1)型号	5GDY89
(2)输入电压	402 V(柴油机额定转速 1 050 r/min)
(3)输入电流	112 A
(4)功率	30 kW
(5)质量	886 kg

8. 牵引电机通风机电机

(1)型号　5GDY91

(2)输入电压　402 V(柴油机额定转速 1 050 r/min)

(3)输入电流　108 A

(4)功率　67 kW

(5)质量　1 007 kg

9. 制动电阻冷却风扇电机

(1)型号　5GY72

(2)输入电压　247 V

(3)输入电流　101 A

(4)功率　25 kW

(5)质量　175 kg

10. 蓄电池

(1)蓄电池电压　DC 64 V

(2)单节电压　DC 2 V

(3)蓄电池容量　450×(1±10%)A·h

(4)总质量　1 361 kg

11. 车载控制系统

车载控制系统[集中控制体系结构(CCA)]主要由 SDIS 智能控制与显示系统、CIO 集成输入/输出接口、柴油机控制系统,牵引控制系统、辅助电源控制系统、设备控制系统、制动控制系统、通信总线及协议转换单元等组成。

(三)车体

1. 结构形式

车体为单司机室、车架承载的外走廊罩式结构,车架采用双箱形梁结构,整体式燃油箱。

2. 主要部件主要技术参数

(1)车钩

①型号　AARE

②车钩钩体最小破坏载荷　4 003 kN

③车钩钩舌最小破坏载荷　1 961 kN

(2)橡胶缓冲器

①型号　NC-391

②最低吸收容量	机车以 3.6 km/h 速度与一个静止的物体碰撞,不损坏

(四)转向架

1. 结构特征

三轴、钢板焊接构架无摇枕结构,转向架构架与车体间通过橡胶旁承直接连接;通过牵引销牵引。

2. 主要部件主要技术参数与特征

(1)构架为钢板焊接、箱形结构。钢材材料屈服强度 350 MPa。

(2)中心销最小拉伸强度 827 MPa、屈服极限 690 MPa。

(3)悬挂系统为二系悬挂。

①一系悬挂:圆簧(每个轴箱 2 个、每个转向架 12 个;屈服强度 800 MPa;全整备状态下的静压缩量为 125 mm)。

②二系悬挂:橡胶钢板复合旁承,每个转向架 3 个,整备状态下的静压缩量为 12 mm。

(4)轮对。

①车轮全磨耗轮径 950 mm,空气制动闸瓦温度限值:持续 300 ℃,最大 500 ℃;车轮踏面温度限值 427 ℃。

②车轴为 AAR M-101 F 级。

③轴箱与转向架间采用导框方式,导框与轴箱间装有衬垫防止导框与轴箱直接接触。一系弹簧支撑在轴箱两侧的凸缘上。轴箱与转向架构架间装有垂向减振器。

④轴承为 AAR G 级密封轴承,内径 177.8 mm,外径 276.2 mm。

(5)牵引齿轮。

①从动齿轮

齿宽	(132.84±1)mm
齿数	85
齿面硬度	58~62 HRC

②主动齿轮

齿宽	(139.7±1)mm
齿数	85
齿面硬度	58~62 HRC

(6)基础制动装置

①型式	制动单元式(一轮一套)
②闸瓦调节器	自动

（五）空气系统

空气系统由空气压缩机、风源净化干燥装置、总风缸及电子空气制动系统(EAB)等组成。

1. 空气压缩机

每台机车装两台螺杆式空气压缩机,每台空压机采用一台交流电动机驱动,在额定转速、最大总风压力下的单台空压机供风量不小于 2.4 m^3/min(标准条件下)。

(1)型号	WLGC9B
(2)型式	六缸、二级、水冷、往复式
(3)转速	与柴油机转速同步,最大转速 1 050 r/min
(4)排气量	9 200 L/min(1 050 r/min)
	3 600 L/ min(440 r/min)
(5)控制调节器压力设定值	
一级	(896~965)±20 kPa
二级	(930~1 000)±20 kPa
安全阀动作值	1 034 kPa

2. 风源净化干燥装置

(1)型号	GW994
(2)容量	100SCFM(标称),2.831 m^3/min

3. 总风缸

机车总风缸总容量 965.58 L,总风缸安装在车底架下部,共设有两个总风缸;每个风缸装均有排水阀,排水阀有加热和消音装置。

4. 电子空气制动系统(EAB)

采用电子控制空气制动机,带有空气备份。

(1)制动机型号	CCB Ⅱ
(2)电子控制阀(EBV)	电子控制、台式、带有手柄
(3)电子空气控制单元(EPCU)	电子/空气控制
(4)综合处理模块(IPM)	主处理器(CCB Ⅱ系统计算机)

（六）润滑系统

1. 系统特征

系统特征为全流式。

2. 主要部件主要技术参数与特征

(1)润滑油滤清器

①型式	钢壳、纸质滤清单元
②滤清单元	14 个纸滤单元,每个壳内有 7 个
(2)润滑油冷却器型式	铜焊板状全逆流热交换器

（七）冷却系统

1. 系统特征

冷却系统采用全封闭式加压循环型式。

2. 主要部件主要技术参数与特征

(1)散热器

散热器为铜管和鳍片式,散热管与端板采用胀接连接,鳍片为紧配合,不焊接。管芯中每英寸有 10 个鳍片,10 排散热管。

(2)冷却风扇

①型号	5GYA30
②型式	结构钢、毂与叶片一体式,交流驱动电机安于毂内成一整体组件

（八）空气滤清系统

1. 空气滤清系统采用三级滤清的整体箱形结构型式

(1)一级过滤	V 形多孔网
(2)二级过滤	GE 旋风式滤清器(vortex 型)
(3)三级过滤	玻璃纤维袋式滤清器

2. 总过滤端面积

(1)一级过滤	1. 237 m^2
(2)二级过滤	1. 237 m^2
(3)三级过滤	7. 56 m^2

（九）燃油系统

燃油系统采用低压、并联的燃油输送系统。主要由燃油泵、燃油滤清器、燃油预热器等主要部件组成。主要技术参数与特征如下：

(1)燃油泵	容积式齿轮泵，流量 56.8 L/min
(2)燃油滤清器	褶状纸滤
(3)燃油预热器	板式换热器，机械调温器控制

（十）设备通风系统

设备通风系统是给关键部件提供冷却空气的系统，由以下 2 个独立的通风回路和 2 个排尘回路组成：

(1)辅助室、逆变器、主发电机通风回路；

(2)牵引电动机通风回路；

(3)1 号端排尘回路(辅助/逆变室旋风式滤清器排尘回路)；

(4)2 号端排尘回路(柴油机空气滤清系统和牵引电动机通风回路旋风式滤清器排尘回路)。

复习思考题

1. 简述 HXN5 型内燃机车三相交流异步牵引电动机优点。
2. 简述 HXN5 型内燃机车车载控制系统组成。
3. HXN5 型内燃机车主要系统有哪些？

第三章

DF4D 型内燃机车专业知识

知识目标

掌握 DF4D 型内燃机车的总体结构、主要特点和技术参数。理解机车的电传动方式、速度、制动方式和牵引力等关键性能指标。

能力目标

能够对 DF4D 型内燃机车进行专业的操作和维护。能够分析和解决机车运行中可能出现的技术问题。

素质目标

树立安全意识，确保机车运行安全。培养专业精神，提升学员专业素质。

第一节 机 车 总 体

DF4D 型客运内燃机车是为了满足我国 1997 年客运提速的需要而设计制造的，是在 DF4C 型机车的基础上开发成功的交—直流电传动客运内燃机车，动力装置采用 16V240ZJD 型柴油机，是 240/275 柴油机的系列产品，标定功率达 3 240 kW，最大运用功率为 2 940 kW。在 DF4D 型客运内燃机车的基础上又相继开发研制了同等功率的 DF4D 型货运内燃机车、DF4D 型调车机车及具有向旅客列车空调供电电源的 DF4DF 型客运机车。

机车的标称功率为 2 425 kW 采用 C_0-C_0 轴式，装用 16V240ZJD 型柴油机、TQ-FR-3000E 型主发电机、ZD109B 型牵引电动机，走行部分采用两台牵引电动机滚动抱轴轴承悬挂方式的三轴转向架。机车采用框架式侧墙承载的内走廊式车体，它是一个全焊的钢结构，由侧墙、顶棚、底架、六组内部隔墙和两端司机室组成。内部隔墙把车体分为第1司机室、电气室、传动室、动力室、冷却室、辅助室、第2司机室七个部分。为了便于乘务人员和检修人员工作，除司机室有侧门外，在动力室的两侧也有侧门，各室间隔墙均设有内门。为了便于装拆部件，把电气室、动力室和冷却室的顶部均做成活动顶盖。车体结构中还设置了防寒、防火、通风及良好的采光和照明设施。

DF_{4D} 型内燃机车外形与 DF_{4C} 型内燃机车基本相同，外部色调采用明快的紫红色。司机室内部设置了空调机、冰箱、半自动遮阳帘、高舒适度座椅、新型可调光照明灯、顶吹式风扇等设备，为司乘人员提供了一个舒适、方便、安全的工作环境。

两端司机室具有同等操纵机车的功能，司机室内设有操纵台，操纵台上设置了全部操纵和信息设备，左侧为主操纵台，右侧为副操纵台。主操纵台上设有主控制器、换向手柄、制动阀、控制开关、按钮、仪表、故障显示装置等，副操纵台上设有控制开关、电炉、按钮等。

司机室前方和两侧均设有玻璃窗。视野宽阔、瞭望方便。前窗玻璃窗外设有刮雨器，前窗采用电热玻璃，侧窗为铝合金拉窗，结构简单，密封性好。司机室后墙中部设有手制动装置手轮。后墙和侧墙上设有电取暖器，后墙左、右侧设有通往各室的门。

电气室装有电气柜、电阻制动柜。

传动室上部装有硅整流柜，下部为启动变速箱、励磁机、辅助发电机、测速发电机、通风机、励磁整流柜等。

动力室内安装有柴油发电机组，以及为它工作服务的空气滤清器、燃油输送泵、启动机油泵、冷却水系统、机油和燃油滤清器、油水热交换器、各类管路、阀类、膨胀水箱等。

冷却室内装有散热器、冷却风扇、静液压马达、静液压油箱等。散热器组下部安装有静液压变速箱、后转向架牵引电动机用通风机、空气压缩机等。

辅助室装有预热锅炉、空气干燥机等。辅助室还减轻了机车机组工作时传往Ⅱ端司机室的噪声。

机车走行部为两台可互换的三轴转向架，整台机车的上部结构通过8个弹性橡胶旁承座落在两个转向架上，每台转向架与车体间由一组低位平行四杆牵引杆机构相联，以传递牵引力和制动力。车体与转向架之间还设有横向减振器和抗蛇行减振器。转向架设有二系悬挂系统，一系悬挂是轴箱弹簧配液压减振器，以吸收低频振动，二系悬挂为橡胶旁承，以吸收高频振动。牵引电动机为顺置排列，以减小轴重转移，并采用滚动轴承抱轴箱的悬挂方式以适应高速运行的要求。每个车轴上均悬挂一个牵引电动机，每个动轮上均设有一个制动缸，单侧单闸瓦，并带有闸瓦间隙自动调节器。

空气制动装置采用与 DF4C 型内燃机车相同的 JZ-7 型空气制动机，并设有空气干燥装置。机车的两端装有牵引装置，用于机车和车辆的自动连结和分解，同时传递机车牵引力和承载来自车辆的冲击力。车钩采用下作用式内燃、电力机车车钩。牵引装置中采用了二号缓冲器。

车架下部中央吊装着燃油箱。燃油箱的两侧装有蓄电池组，前后端装有总风缸。

机车的动力装置采用 16V240ZJD 型柴油机，它为 V 形、四冲程、直接喷射开式燃烧室、废气涡轮定压增压并经中间空气冷却的中速柴油机。采用铸焊结构机体、并列连杆、组合式的钢项铝裙或钢顶铁裙活塞、单体式喷油泵、无级调速的转速功率联合调节器、VT254-13 型或 ZN290 型增压器。

DF4D 型内燃机车采用交—直流电力传动装置，由柴油机驱动一台 TQFR3000E 型三相交流同步主发电机，发电机产生的三相交流电经硅整流柜三相桥式全波整流后，输送给 6 台并联的 ZDl09B 型牵引电动机，再由牵引电动机通过传动齿轮驱动车轮旋转。在硅整流柜到牵引电动机之间，设有 6 个主接触器分别控制 6 台牵引电动机的通断。另外还有两个转换开关，用它们转换牵引电动机励磁绕组电流的方向，从而改变牵引电动机转向，控制机车的前进或后退。

同步主发电机的励磁机是一台 GQL-45 型感应子励磁机，这也是一台三相交流发电机，由柴油机通过启动变速箱带动，发出的交流电经 GTF-5100/1250 型硅整流柜三相桥式全波整流后，给主发电机转子上的励磁绕组励磁。励磁机的励磁是通过联合调节器的功率调整电阻器自动改变励磁测速发电机的励磁电流来控制的，使柴油机在规定的同步主发电机调压范围实现恒功率控制。

在同步主发电机最高恒功率电压限制下，为扩大机车的恒功率速度范围，对机车的牵引电动机进行两级磁场削弱，由一套过渡控制电子装置，根据机车轮对的速度信号自动进行磁场削弱的转换。

每台机车设有结构完全相同的制动电阻柜两个，在电阻制动工况，牵引电动机被改接成他励直流发电机工作，6 台牵引电动机的励磁绕组被串联在一起，由主发电机经硅整流柜及制动接触器给电动机励磁，电动机通过传动齿轮由轮对驱动，产生的电能输送到制动电阻上，把列车运行的动能最终转化为热能，使轮对产生制动力，电阻制动具有速度不同的两个动力峰值，一级到二级电阻制动的转换，由电阻制动控制箱控制，制动电流也受控制箱控制，实现恒励磁电流控制、恒制动电流控制和高速限流控制。

具有电阻制动的机车，还具有自负载试验功能。机车在静止状态，通过操纵自负载开关使机车进入自负载工况，把柴油机功率通过同步主发电机消耗在制动电阻上，可以方便地检测到柴油机各转速下的牵引功率。

柴油机采用电启动方式，96 V 蓄电池组供给 ZQF-80 型启动发电机，使之成为串励电动机带动柴油机启动，启动完毕后，启动发电机接成他励发电机工况，由柴油机带动它旋转，并通过电压调整器使其输出电压恒定在 110 V，用来向辅助、控制电路供电。

机车设有蓄电池外充电插座和预热锅炉外电源插座。

机车的燃油系统由燃油箱、燃油粗滤器、燃油输送泵、燃油预热器及阀类、管路组成，其通过设在柴油机上的燃油精滤器，向柴油机各喷油泵供应足够数量并具有一定压力的清洁燃油。机车的机油系统包括柴油机油底壳、机油泵、机油热交换器、机油滤清器、柴油机内部润滑油系统、机油离心泵、启动机油泵、油压继电器和仪表及阀类、管路等。以机油泵为动力迫使机油循环流动，经过滤清和冷却，向柴油机供给一定压力和温度的洁净机油。机油带走摩擦及部分燃烧产生的热量后流回柴油机油底壳。启动柴油机时，启动机油泵从柴油机油底壳吸油加压后送入机油循环管路中，注入柴油机各摩擦表面进行润滑；柴油机工作时，占总循环量的 5%～15% 的机油直接进入离心精滤器过滤后回油底壳，以提高机油的清洁度。

机车的冷却水系统分高温（柴油机水系统）、低温（增压空气中冷器，机油热交换水系统）两个循环系统。主要部件有膨胀水箱、冷却水泵、空气中间冷却器、机油热交换器、散热器、静液压油热交换器及阀门、管路等。

散热器单节呈 V 形安装在冷却室的钢骨架上，钢架上部装有静液压马达驱动的两个冷却风扇，两个冷却风扇各自有一套独立的静液压系统，每个静液压系统内均设有带感温元件的温度控制阀。随着机车工况变化，控制风扇的开停和无级变速，实现油、水温度的自动控制。

机车的预热系统主要由预热锅炉、循环水泵、阀类及管路组成。预热锅炉为水管立式，发热量不小于 0.5 GJ/h，由预热锅炉控制柜（手动操纵）控制其工作过程，保证柴油机在规定的油、水温度下启动。

机车采用 JZ-7 型空气制动机，由两台 NPT5 型空气压缩机供风。空压机由 110 V 直流电动机驱动，在 1 000 r/min 额定转速下的供风量为 2 400 L/min，最大排风压力为 900 kPa，除向空气制动系统供风外，还给自动控制系统和撒砂系统供风。制动系统中还设有空气净化装置。

机车设有下列主要保护和显示装置,其作用及显示方法如下:

1. 柴油机超速保护:超速时停机,信号灯显示。
2. 柴油机曲轴箱压力保护:超压时停机,信号灯显示。
3. 柴油机水温保护:超温时卸载,信号灯显示。
4. 柴油机机油压力保护:油压继电器动作时停机,信号灯显示。
5. 牵引电动机总电流过流保护:过流卸载,信号灯显示。
6. 主电路接地保护:接地时卸载,信号灯显示。
7. 机车空转显示:空转时继电器动作,信号灯显示。
8. 电阻制动过流保护:降低制动功率,信号灯显示。
9. 制动电阻失风保护:电阻制动停止,信号灯显示。

第二节 机车柴油机

一、柴油机概述

DF4D 型内燃机车采用 16V240ZJD 型柴油机。它为 V 形、四冲程、直接喷射开式燃烧室、废气涡轮定压增压并经中间冷却的中速柴油机。采用铸焊结构机体、并列连杆、组合式锻铝活塞或薄壁球铁活塞、单体式喷油泵、转速功率联合调节器(无级调速)、ZN290(VTC254-13)型增压器。

柴油机具有 16 个气缸,V 形夹角为 50°,气缸直径为 240 mm,活塞行程为 275 mm。标定转速为 1 000 r/min,最低空载稳定转速为 430 r/min。标定功率为 3 240 kW,最大运用功率为 2 940 kW。

柴油机发电机组的功率输出端经弹性法兰通过万向轴与启动变速箱连接。启动变速箱通过两个输出轴带动启动发电机、励磁机、前转向架牵引电动机通风机及测速发电机。在柴油机的自由端,经传动轴带动静液压变速箱,由静液压变速箱驱动两个静液压泵,泵打出的高压油输送给静液压马达。静液压变速箱中间轴的下方输出轴经尼龙绳联结轴带动后转向架牵引电动机通风机。

柴油机采用电启动方式,96 V 蓄电池组供电给 ZQF-80 型启动发电机,使之成为串励电动机带动柴油机启动。启动完毕后,启动发电机接成他励发电机工况,由柴油机带动它旋转,并通过电压调整器使其输出电压恒定在 110 V,用来向辅助、控制电路供电。

柴油机转速的控制是通过一套无级调速的电子装置，根据司机控制器发出的指令，控制联合调节器配速机构上的步进电机，实现对柴油机的无级调速控制。

二、16V240ZJD 型柴油机主要技术参数

柴油机型号	16V240ZJD
标定转速	1 000 r/min
最低空载稳定转速	430 r/min
标定功率	3 240 kW
运用功率	2940 kW （在外温 30 ℃环境状态下，并且海拔高度 700 m，相对湿度 70%时）
曲轴旋转方向（面对输出端）	顺时针
气缸直径×活塞行程	240 mm×275 mm
缸数及排列型式样	16 缸，V 形 50°夹角
外型尺寸（长×高×宽）	5 339 mm×1 790 mm×3 085 mm
启动方式	电机启动
净质量	22 790 kg（增加）
曲轴转向（从输出端看）	顺时针方向

发火顺序：

```
1    3    7    5    8    6    2    4
 \  / \  / \  / \  / \  / \  / \  / \
  14   10   12   9    11   15   13   16
```

气缸序号为面对输出端看，右侧从控制端开始编为 1～8 缸，左侧控制开始编为 9～16 缸。发火间隔角由右侧气缸到左侧气缸为 40°，由左侧气缸到右侧气缸为 50°。

DF4D 型内燃机车柴油机启动方式及其最高工作转速、最低空转转速如下：

启动方式	电机启动
最低发火转速	80～120 r/min，柴油机冷却水在+5 ℃时
最低空转转速	430 r/min
最高工作转速（标定转速）	1 000 r/min
超速停车转速（极限转速）	1 120～1 150 r/min

柴油机工作时，各燃油、机油压力表显示的压力数值：

燃油：

燃油泵出口压力	200~300 kPa
操纵台燃油压力	150~250 kPa

机油：

机油末端压力	430 r/min 时不小于 120 kPa；1 000 r/min 时不小于 250 kPa
主机油泵出口压力	不大于 600 kPa
机油粗滤器前后压差	不大于 150 kPa
增压器机油压力	250~300 kPa
空气压缩机机油压力	300~500 kPa

第三节 电器间部件的构造原理

一、机车上的电器分类

机车上的电器大致可分为六类：

1. 组合式控制电器：司机控制器、旋转开关、组合接触器等。
2. 接触器：电空接触器、电磁接触器等。
3. 半导体装置：如时间继电器、过渡装置、电压调整器、无级调速驱动装置、自动停车装置、电阻制动控制箱等。
4. 继电器：接地、空转、过流、油压、水温、中间继电器等。
5. 电阻：磁场消弱电阻、限流电阻、充电电阻及各种珐琅电阻等。
6. 仪表：电流表、电压表、电测温度表、电测压力表、柴油机转速表、机车速度表等。

二、接触器

接触器是一种用来控制主电路、辅助电路以及其他电路的自动切换电器。其特点是能开较大电流，可频繁操作，并且有远距离控制。DF4D 型内燃机车上采用了电空接触器与电磁接触器，此外还有组合接触器。

（一）电空接触器

电空接触器由主触头、灭弧装置、辅助触头、驱动装置及其他部件组成。主触头是铜钨合金制成。当电空阀线圈有电时，从低压风缸来的压缩空气进入传动风缸活塞的下部，推动活塞和活塞杆向上移动。活塞杆带动转架，转架以圆柱销为轴心，作逆时针方向转动，使主触头闭合。同时，当转架逆时针转动时，碰撞辅助触头组件的碰柱组件，使辅助触头作相应的闭合或断开，实现电路的联锁作用。

（二）组合接触器

1. 过渡装置以机车轮对的转速为控制信号，在牵引工况且主手柄在“降”“保”“升”位时，可控制组合接触器。组合接触器的作用是接通或断开磁场削弱电阻，控制牵引电动机的磁场削弱。每个组合接触器有两组触头，每组触头有三对主触头。两组触头中，一组主触头控制一台转向架的三台牵引电动机的一级过渡；另一组主触头控制该三台牵引电动机的二级过渡。每组主触头由同侧的电空阀及其风动装置控制。控制同一台电动机一、二级磁场削弱的静触头为共用触头。组合接触器没有灭弧装置。

2. 按机车的前进方向，电器柜右侧的组合接触器为 1XC，控制牵引电动机 1～3D 的磁场削弱，其前面的三对主触头控制一级过渡，后面的三对主触头控制二级过渡。电器柜左侧的组合接触器为 2XC，控制牵引电动机 4D～6D 的磁场削弱，其后面的三对主触头控制一级过渡，前面的三对主触头控制二级过渡。

3. 1XC 有两个辅助触头，分别控制磁场削弱的两个信号灯。2XC 的一对辅助触头控制一、二级磁场削弱的顺序。

三、继电器

（一）中间继电器

1. 中间继电器采用拍合式电磁机构。由继电器线圈、铁芯、磁轭、衔铁、动触头和静触头等组成。

2. 当继电器线圈有电时，衔铁在电磁吸力作用下被吸向铁芯，使常开触头闭合，常闭触头断开。

3. 中间继电器在机车电气回路中是一种控制电器，主要用作信号的中间传递和放大。

（二）接地继电器

1. 接地继电器是一种保护电器，主要由底板、磁轭、线圈、动铁芯、静铁芯和自锁装置等组成。当主电路某点接地，且接地继电器线圈电流达到 0.5 A 时，接地继电器动作,接地指示灯亮,同时其常闭触头切断 LLC 和 LC 线圈的供电电路,使柴油机卸载,牵引发电机和同步励磁机均不发电,防止接地事故扩大。

2. 接地继电器上装有锁闭装置,当继电器线圈流过电流,衔铁顺时针转动时,锁块刃部沿闭锁杆上滑至其顶端,此时锁块在弹簧力的作用下,被锁止在解锁杆与闭锁杆的接端处。这时即使线圈继电,继电器动作也不能复原,称为自锁。要使其复原,则必须用外力扳动解锁杆、压缩弹簧,才能使继电器恢复正常。

(三)过流继电器

1. 过流继电器的构造和接地继电器相同,但因用途不同,其动作电流值不同。

2. 过流继电器用以保护主电路电气设备不至因电流过大而损坏。当牵引电动机环火、硅整流元件短路及牵引发电机过流、主电路电流达 6 500 A 时,通过过流继电器线圈的电流为 6.5 A,过流继电器动作,过流指示灯亮,其常闭触头切断 LLC 和 LC 线圈供电电路,柴油机卸载。

(四)空转继电器

1. 空转继电器的构造与接地继电器相似,但没有锁闭装置。

2. 空转继电器也是一种保护电器。当机车轮对发生空转时,靠它的动作向司机发出空转警告信号,使司机及时撒砂或降低主手柄位置,以消除空转。

3. 当轮对发生空转后,通过空转继电器线圈内的电流达 0.5 A 时,线圈所产生的磁力克服了弹簧的拉力,使衔铁吸合。此时常开触头闭合,接通操纵台上的空转信号灯电路,发出空转警告信号。

(五)油压继电器

1. 油压继电器是反映柴油机机油压力的一种保护电器,使柴油机必须在一定的机油压力下才能运转。

2. 油压继电器包括测量机构和执行机构两部分。测量机构主要由作用室、波纹管、弹簧箱组件等组成。执行机构由动触头、静触头和弹簧片组成。整个继电器装在作用室及外罩中,接线由接线盒引出。

3. 机车上装有四个油压继电器 1YJ ~ 4YJ。当机油压力低于 80 ~ 100 kPa 时,油压继电器 1YJ、2YJ 动作,其常开触头切断联合调节器电磁联锁 DLS 线圈的供电电路,柴油机停机。

4. 当柴油机在高转速达 730 r/min 以上时,若机油压力低于 160 ~ 180 kPa,油压继电器 3YJ、4YJ 动作，它的常开触头切断励磁接触器 LLC 线圈的供电电路，柴油机卸载。

（六）水温继电器

1. 水温继电器是反映柴油机冷却水温的保护电器。当柴油机冷却水温超过 98 ℃时，水温继电器动作，通过中间继电器的作用，使柴油机卸载。

2. 水温继电器的构造是由测量机构及执行机构组成。执行机构为触头；测量机构主要由温包、波纹管、弹簧及有关杠杆等组成。温包插在柴油机冷却系统的循环水中，温包内装有容易蒸发的感温液体丙酮。当柴油机冷却水温升高时，温包内丙酮蒸发，通过金属毛细管而进入波纹管室内，波纹管受压，推杆向上移动，使常开触头闭合，接通中间继电器 2ZJ 线圈的供电电路，2ZJ 动作，其常闭联锁断开，切断励磁接触器 LLC 线圈的供电电路，柴油机卸载。

四、转换开关

1. 机车上装有四个结构完全相同的转换开关，其中两个是方向转换开关，另两个是工况转换开关，每个转换开关上有十二对主触头和十二对辅助触头，由两个电空阀控制。当转换开关一侧电空阀得电后，低压风缸的压缩空气进入得电电空阀同侧的转换开关风缸，推动活塞移动，使转轴和固定在转轴上的手柄转动，将同侧的六对主触头断开，另一侧的六对主触头闭合。主轴转动的同时，通过主轴上端的凸轮控制辅助触头。电控阀失电后，转换开关的工作位置不变。

2. 当电空阀或风动装置故障时，可以人为地扳动转换开关的手柄，实现转换开关工作位置的变换，但必须在主手柄处于 0 位时进行，防止转换开关主触头带电动作，烧损主触头。

五、自动开关 DZ

1. 机车上采用了许多自动开关。它既是一个开关，又能自动起保护作用。当电路发生短路故障或超过额定电流时，能自动断开电路，也可以人工操纵其分合。

2. 开关由触头、灭弧室和脱扣器等装在一个胶木外壳内组成一个开关箱。外壳上面露出手柄指示“分”“合”，作为正常情况下闭合和断开电路，以及因过载脱扣后重新接通电路用。

3. 灭弧室由灭弧栅和绝缘的室壁组成。脱扣器由铁芯、线圈、衔铁等组成。当通过自动开关线圈的电流超过额定值时，铁芯将衔铁吸下，使脱扣架转动，上下连杆脱开，触头快速断开电路。

六、机车上电机、电器安全保护装置

1. 接地继电器 DJ。当主电路上任一点接地后，DJ 动作，柴油机卸载。

2. 过流继电器 LJ。当主电路短路、牵引电动机环火等，主电路电流达到 6 500 A 时，LJ 动作，柴油机卸载。

3. 制动过流继电器 ZLJ。使用电阻制动时，为了防止制动电流过大，烧损制动电阻和牵引电动机而设。当 5D 制动电流达到 730 A 时，ZLJ 动作，电阻制动控制箱失电，停止电阻制动。

4. 空转继电器 KJ。机车每两个轮对之间安装一空转继电器当某一轮对发生空转时，相应的牵引电动机因转速增高，其反电势增加，当 KJ 线圈两端的电压差值达到 2 V 时，KJ 动作，指示灯亮，警告司机采取措施。

5. 过压保护继电器 FLJ。当启动发电机电压升至 127 V 时，或充电电流大于 100 A 时 FLJ 动作，自动转入故障发电。

6. 逆流装置 NL。当启动发电机故障或其电压低于蓄电池组电压时，为了防止蓄电池组产生逆流放电，保护蓄电池而设。

7. 充电电阻 RC。为防止向蓄电池组初充电电流过大，损坏蓄电池而设。

8. 时间继电器 1~3SJ。1SJ 用于柴油机延时 45~60 s 启动；2SJ 用于风泵延时 3 s 启动；3SJ 用电阻制动时，躲过接触器动作先后的差异而设，延时 5 s 后，2ZJ 才能动作。

9. 故障开关 GK。当牵引电动机故障时，利用 GK 断开故障电动机电路，以使其他牵引电动机可以继续投入工作。

10. 熔断器、速熔保险、自动开关及限流电阻等。根据电路的需要，限制该电路不能超过规定值，防止因该电路中电流过大时损坏电机和电器。

七、熔断器（1RD~8RD）

1RD（125 A）：蓄电池组充、放电电路。在电器柜左侧外安装。

2RD（100 A）：启动发电机电路。在电器柜左侧外安装。

3RD（100 A）：启动机油泵电动机电路。在电器柜左侧外安装。

4RD（350 A）：空气压缩机电动机电路。在电器柜正面安装。

5RD(350 A):空气压缩机电动机电路。在电器柜正面安装。

6~8RD(1 A):空转保护电路。在电器柜左侧外安装。

八、接地试灯

1. 机车上装有两个 110 V、8 W 的接地试灯,即 1DD、2DD。1DD 的一端与蓄电池的正端相接,称为正灯;2DD 的一端与蓄电池的负端相接,称为负灯。每个试灯的另一端分别通过插头、插座与车体相接,通过车体将两个试灯串联在一起。正常情况下,闭合蓄电池开关 XK 后,两个试灯均显示半亮;拔下任一试灯的插头后,两个试灯均不亮。

2. 在闭合 XK 后,如果控制电路、辅助电路、测速发电机 CF 的励磁电路、照明电路照明开关 ZMK 在照明位,预热锅炉电路使用内电源工作时等由蓄电池或启动发电机 QF 供电的电路有接地故障时,两个接地试灯均有显示。可根据两个接地试灯的不同显示情况来进行判断,以便及时处理。

3. 用接地试灯不仅可以检查和判断上述电路的具体接地或断路处所,还可以检查和判断励磁电路和主电路的接地和断路处所。试灯的使用方法比较灵活。

4. 一般情况下,在电气试验前用试灯检查电路是否有接地故障,而柴油机启动后,不应将试灯的插头插入插座,以免对电路产生不良影响。

九、硅整流装置 1ZL

硅整流装置 1ZL 为三相桥式整流电路,牵引整流柜的两侧各安装三个整流桥臂,每个桥臂由六个整流元件并联而成,该整流装置共有 36 个整流元件。采用阻容保护,防止换向过压损坏硅整流元件。在每个整流元件的正、负极还接有铜导线,目的是在整流元件短路时,自动熔断铜导线,切除短路的整流元件,维持运行。

十、逆流装置 NL

1. 在蓄电池充电电路中设有逆流装置 NL。当辅助发电机 QF 的端电压高于蓄电池电压时,NL 中的两个并联的二极管均处于正向导通状态,QF 经 2RD、NL、RC、1RD、3FL 向蓄电池充电。如 QF 停止发电或其端电压低于蓄电池电压时,NL 中的二极管处于反向截止状态,这种状态可防止蓄电池经 NL 放电。

2. 在 QF 停止发电的瞬间,加在二极管上的反向电压很高,为了防止反向击穿 NL 中的二极管,在逆流装置中采用了阻容保护。

十一、充电电阻 RC

1. 柴油机启动时,蓄电池的电能消耗较大,如果在柴油机启动后使用辅助发电,将启动发电机的端电压直接加到蓄电池上,会产生较大的电流冲击,对蓄电池和启动发电机都不利。因此,在蓄电池的充电电路中串联了充电电阻 RC,使开始充电时在 RC 上引起较高电压降,以减小开始充电的电流。

2. 当蓄电池开始以后,充电电流会逐渐减小,在 RC 上的电压降低,对充电电路的影响很小。

3. 另外,利用 RC 的电压降,在其两端并联了过压保护电路,保证辅助发电机电压过高或充电电流超过 100 A 时自动转入固定发电工况。

十二、704 型调压器

1. 当总风缸压力达到 900 kPa,总风缸压力空气推动膜板和高压弹簧上移,促使传动板转动,低压顶杆在低压弹簧的作用下向下移动,微动开关的动触头离开上静触头,切断直流电机接触器线圈电路,空气压缩机停转,总风缸停止增压。

2. 当总风缸压力空气逐渐降低时,高压弹簧逐渐伸张,促使传动板反向转动。当总风缸压力降至 750 kPa 时,低压顶杆因克服低压弹簧压力上移,微动开关动触头与上静触头闭合,支流电机驱动空气压缩机运转,总风缸开始增压。

第四节　电器全面试验程序

一、准备工作

1. 控制风缸压力在 400 kPa 以上时,将 1GK～6GK 置于运转位,控制风缸压力在 400 kPa 以下时,将 1GK～6GK 置于故障位。DK 置于运转位,闭合机车照明开关 ZMK。(无风状态进行试验)

2. 闭合蓄电池闸刀 XK,蓄电池电压不低于 96 V,卸载信号灯 7XD 亮。

3. 操纵台及电器柜自动脱扣开关置于闭合位(Ⅰ/Ⅱ燃油泵脱扣开关 3DZ、4DZ 只闭合一个)。

4. 确认正、负试灯亮度一致。

5. 闭合电动仪表开关 12K,水温表显示的温度应符合柴油机启动的温度,其他各仪表均指示零位。

二、电器动作试验

（一）手柄置 0 位进行下列试验

1. 闭合总控开关 1K,闭合启动机油泵开关 3K,启动机油泵接触器 QBC 得电,启动机油泵电机 QBD 运转。

2. 闭合燃油泵开关 4K,燃油泵接触器 RBC 得电,QBC 失电,QBD 停转;RBD 运转,电流表显示放电电流约 10 A。燃油压力应不低于 150 kPa。短接 5/17,8/16,4ZJ 得电;RBC 失电,RBD 停转,差示压力信号灯 1XD 灯亮,取下短接线,4ZJ 应自锁。断开 4K,4ZJ 失电,差示压力信号灯 1XD 灯灭。

3. 闭合 4K,RBC 得电,RBD 运转,交替试验 3、4DZ,Ⅰ、Ⅱ燃油泵转换工作正常。断开 3、4DZ。看驱动器 ABC 三相指示灯亮。

4. 闭合辅助发电开关 5K,辅助发电励磁接触器 FLC 得电,放电电流增加 3~5 A。闭合固定发电开关 8K,固定发电接触器 GFC 得电,FLC 失电,固定发电信号灯 10XD 亮,放电电流减少 3~5 A。断开 8K,GFC 自锁,断开 5K,GFC 失电,10XD 灭。

5. 闭合 5K,FLC 得电,手按发电过压保护继电器 GYJ,GFC 得电,FLC 失电,固定发电信号灯 10XD 亮,取下短接线,自锁良好,断开 5K,GFC 失电,10XD 灭。

6.（总风缸压力低压 750 kPa 时）闭合空气压缩机自动控制开关 10K,1YC、2YC 得电,5XD、6XD 亮。断开 10K,1YC、2YC 失电,5XD、6XD 灭。

7. 按下空压机手动按钮 2QA,1YC、2YC 得电,5XD、6XD 亮。松开 2QA,1YC、2YC 失电,5XD、6XD 灭。

（二）保留 1K、4K，换向手柄置于前进位进行下列试验

1. 闭合机控 2K,1HKg1~2HKg1 得电。

2. 主手柄置 1 位,1HKf1~2HKf1 得电动作;LLC、1C~6C、LC 得电,卸载信号灯 7XD 灭。

3. 主手柄置保位,1ZJ 得电。手动过渡开关 XKK 置手动位,1XC~2XC 得电,磁场削弱信号灯 11XD 亮。XKK 置 0 位,1XC~2XC 失电,11XD 灭。短接 2/9、2/10,2ZJ 得电,柴油机水温高 2XD 亮,LLC、1C~6C、LC 失电,卸载信号灯 7XD 亮。取下短接线 2ZJ 自锁。主手柄回 1 位,LLC、1C~6C、LC 得电,7XD 灭。

4. 主手柄由 1 位到保位,短接 5/13、6/20 接线柱,3ZJ 得电;LLC、1C~6C、LC

失电，卸载信号灯 7XD 亮。取下短接线后 3ZJ 失电，确认越位起车电路是否正常，主手柄回至 1 位，LLC、1C～6C、LC 得电，7XD 灭。

5. 主手柄置升位驱动器三相指示灯闪亮，主手柄扳至升位到电机发出“嗡嗡”声止，升速时间为 10～16 s。

6. 主手柄置降位，三相指示灯闪亮，自扳至降位到电机发出“嗡嗡”声止，降速时间为 12～22 s。

7. 主手柄回 0 位，LLC、1C～6C、LC 失电，卸载号灯 7XD 亮。

8. 闭合 5K、闭合 9K，主手柄置 1 位，GFC、GLFC、GLC 得电，LLC、1C～6C、LC 得电，故障励磁信号灯 9XD 亮，固定发电 10XD 亮，7XD 灭。断开 9K，GLC、GLFC 失电，9XD 灭。断开 5K，GFC 失电，8XD 灭。

9. 闭合 DJ：LLC、1C～6C、LC 失电，卸载信号灯 7XD、接地信号灯 4XD 亮。恢复 DJ，7XD、4XD 灭。

10. 闭合 LJ：LLC、1C～6C、LC 失电，卸载信号灯 7XD、过流信号灯 5XD 亮。恢复 LJ，7XD、5XD 灭。主手柄回 0 位。

（三）换向手柄至后进位

1. 主手柄置 1 位：1HKf2～2HKf2 得电，LLC、1C～6C、LC 得电，卸载信号灯 7XD 灭。

2. 主手柄回 0 位：1HKf2～2HKf2 失电，LLC、1C～6C、LC 失电，卸载信号灯 7XD 亮。

三、结束工作

断开 2K、4K、1K，换向手柄置中立位，断开蓄电池闸刀 XK，断开照明开关 ZMK，恢复 3. 4DZ。

第五节 冷却间部件的构造原理

一、静液压系统的组成及传动过程

DF4D 型机车两台冷却风扇的驱动马达采用静液压传动。每一台冷却风扇均由一个 ZB732 静液压泵、一个 ZM732 静液压马达、温度控制阀、安全阀、静液压油箱、管路及各阀组成一个独立封闭的传动系统来驱动。

传动过程：由柴油机自由端万向轴带动位于冷却室的液压变速箱，两个静液压泵是由此变速箱驱动的。液压泵的作用是从油箱吸入工作油，并把它压出的高压油送至静液压马达。在静液压马达中，高压工作油推动柱塞作功，产生旋转运动，使风扇轴转动，冷却风扇工作。

二、静液压系统的传动装置的工作过程

柴油机工作时，通过静液压变速箱使静液压泵运转，带动其内部活塞动作，将柴油机的机械能转换为液体势能，液体以一定的压力和速度流入管路。经各种控制阀到静液压马达，将液体势能转换为机械能驱动冷却风扇旋转作功。

三、静液压泵的构造

DF_{4D} 型机车上采用轴向柱塞式静液压泵，型号为 ZB732，主要由主轴、油封、端盖、前泵体、轴承、心轴、压板、心轴垫、心轴球套、后泵体、配流盘、心轴套、后盖、柱塞、弹簧座、弹簧、O 形密封圈、连杆、调整垫等组成。

四、静液压泵的工作过程

柴油机工作时，静液压泵主轴旋转，迫使与主轴相连的连杆推压活塞，从而推动油缸体旋转。因油缸体与主轴线呈 25°的倾斜角，因此油缸体在旋转过程中，使活塞顶面容积发生变化。当活塞顶部容积由小增大时，工作油由进油管经配流盘充入活塞顶部；当活塞顶部由大减小时，活塞顶部工作油经配流盘油腔压入出油管，油缸体旋转一周，活塞完成一次吸、排功能。

DF_{4D} 型内燃机车静液压泵共有七个柱塞与主轴和油缸体相连，油缸体旋转一周，可产生七次吸、排油过程，工作油排出后压力提高，流速增加，驱动静液压马达对外作功。

五、静液压马达的工作过程

静液压马达的结构与静液压泵基本相同，但作用相反。由高压油管来的工作油，经配流盘流入油缸体，使活塞顶部容积增大，油缸体旋转，并带动主轴驱动冷却风扇旋转，静液压马达对外做功。做功后的工作油经配流盘流回油管。

六、静液压系统安全阀作用

当高压油管内工作油压超过安全阀调定的 170 kPa 时，高压油直接回封闭油箱，从而缓和系统冲击，避免过载，保证静液压系统安全可靠地工作。

七、侧百叶窗控制油缸的工作原理

当柴油机油、水温度较高时,温度控制阀逐渐关闭,高压油管中的高压油使静液压马达工作,同时一部分高压油进入控制油缸推动活塞,使活塞杆端的钢球压迫侧百叶窗推杆,打开百叶窗;反之活塞被百叶窗推杆的复原弹簧压至原位,就可以关闭百时窗。

八、辅助传动装置主要部件的功率消耗及转速

辅助传动装置的功率消耗及转速如下:

1. 牵引电动机通风机转速 2 600 r/min,消耗功率 44.13 kW;
2. 静液压泵额定转速 1 225 r/min,消耗功率:66.195 kW;
3. 静液压马达额定转速 1 150 r/min,消耗功率:58.84 kW;
4. 燃油泵转速 1 350 r/min,电机功率:0.6 kW;
5. 启动机油泵转速 2 200 r/min,电机功率:4.2 kW;
6. 冷却风扇转速 1 150 r/min,功率:58.84 kW。

九、机车上三种感温元件作用温度

1. 控制机油温度:作用温度 55 ℃~65 ℃。
2. 控制水温度:

(1)运用在海拔 3 000 m 以上的机车(作用温度 66 ℃~74 ℃);

(2)运用在海拔 3 000 m 以下的机车(作用温度 74 ℃~82 ℃)。

十、空气压缩机的工作过程

空气压缩机曲轴转动时,连杆组带动两个低压活塞和一个高压活塞先后上下运动。当活塞向下运动时,活塞顶面与气缸盖间形成真空,进气阀开启,排气阀关闭,空气经滤清器首先进入低压缸;当活塞向上运动时,进气阀开启,空气由低压缸被压入中间冷却器,活塞继续运动,冷却后的空气由高压缸进行第二次压缩后,进入总风缸储存备用。

十一、齿轮式油泵的工作过程

空气压缩机曲轴带动主动齿轮旋转时,从动齿轮随同旋转,润滑油由进油管被吸入,经两个齿轮齿隙被压出油管,且因进油孔径大于出油孔径,故油压增加。具有压力的润滑油,一路经过曲轴中心孔去润滑运动部件,另一路通油压表显示油

压,同时作用在定压阀上。当油压超过 440 kPa 时,定压阀被压缩,一部分润滑油从定压阀的侧孔流回曲轴箱。

十二、空气压缩机运动部件润滑油通路

被润滑油泵压入曲轴中心孔的润滑油,通过曲轴内的斜孔,分配到三个连杆轴径上。每个连杆径的润滑油,又分三路工作,一路润滑轴径本身,另一路经连杆体中心导油孔润滑活塞和冷却活塞,第三路是由连杆轴瓦侧槽口喷射润滑气缸壁。

十三、风源净化装置的使用与维护

1. 正常运行时,各塞门应处于运行状态。当机车长期存放或运行中出现不能立即排除的故障时,应转换到切除的位置,注意不允许在打开塞门 1、2 的同时,打开塞门 3。

2. 油水分离器排污塞门的启闭。

排污塞 4 正常情况下处于打开状态。每当空压机关闭时,排污阀打开自动排污。如果该阀出现故障,在空压机启动后不能可靠关闭,以致总风缸压力不能正常建立时,应立即关闭塞门 4,保持系统正常的工作,回段后对电磁阀进行检修。

3. 装置工作状态的例行检查。

(1)打开总风缸排水阀,不应发现有冷凝油水排出。

(2)空压机启动后,电控器右、左指示定时转换,且每当某指示灯亮时,对应的干燥筒下部的排气阀通过消音器由强渐弱向外排气。

(3)空压机自动关闭时,上述指示灯即熄灭,排气阀立即关闭,同时排污阀自动打开,将油水分离器中的污水排出。

(4)空压机再次启闭后,电控器指示灯与排气阀再次工作,排污阀可靠关闭。

第六节　走行部件的构造原理

一、转向架的弹簧悬挂装置

转向架的弹簧悬挂装置分为一系悬挂和二系悬挂两部分。一系悬挂位于转向架构架与轴箱间,其主要作用是使机车在运用速度范围内平稳运行。一系悬挂装置采用的是较软的圆弹簧和油压减振器及橡胶垫。弹簧做成内、中、外三圈,在机车整备状态时其净挠度为 123 mm;二系悬挂装置是指转向架与车体之间的弹簧装

置，它的作用是进一步衰减走行部传往机车上部的高频振动。二系悬挂装置主要由四个组合式橡胶弹簧组成，在机车整备时其净挠度为 16 mm。

二、轴箱拉杆的构造与功用

轴箱拉杆主要由长、短心轴，拉杆体端盖胶垫等组成。拉杆中的橡胶圈与心轴、拉杆体形成橡胶关节，靠橡胶的弹性变形来满足轴箱与构架间的相互位移，起到降低动载荷，缓和冲击，提高位移平稳性的作用。轴箱拉杆的两端有橡胶金属元件，不能随意移动，并利用这种阻抗限制轴箱位置，起到轴箱定位的作用。

三、油压减振器的构造及功用

在 1、2、3、6 轴的轴箱与构架间安装有四个 SFK 型油压减振器，它由四个主要部分组成：活塞、进油阀、缸盖密封和上下连接，此外还有防尘罩，内外缸筒等。油压减振器用以衰减弹性悬挂系统的振动，避免机车在运行速度范围内临界共振区的振动。这对提高机车动力学品质和提高机车运行的平稳性是很重要的。

四、油压减振器的工作原理

油压减振器上端活塞通过安装座与构架相连接，下端与轴箱相连接，活塞将缸筒分为上、下两油腔，在内外缸筒间还有一储油腔。当振动使活塞向下移动时，下油腔油压提高，油经活塞心阀上的节流孔流向上腔，因活塞杆占据了上腔一部分容积，多余的油便经进油阀的节流孔流往储油腔，从而借助工作油的黏滞阻力衰减了向下的振动。当振动使机车向上移动时，活塞向上移动，上腔工作油进入下腔，不足的工作油从储油腔进入下腔，从而衰减了向上的振动。

五、转向架上弹性摩擦式旁承的构造及功用

DF4D 型机车采用四点式弹性摩擦旁承，主要由旁承体，上、下摩擦板，橡胶弹簧，球面座及球头等组成。球头与球面间采用滑动摩擦副，起球面关节作用，并能自动对中。机车两个转向架共设置了八个旁承，前后旁承间距为 1 800 mm，旁承箱内充以机油进行润滑。其功用是：

1. 承受机车上部结构的垂直载荷；
2. 保证车体在转向架上的稳定性；
3. 利用旁承产生的摩擦力，衰减转向架的摇头振动；
4. 减少机车通过曲线时的构架力。

六、牵引杆装置的主要功用

牵引杆装置把机车的车体与转向架连接起来。它的主要功用是：使机体车体与转向架，在纵向上以关节形式连接起来，传递牵引力和制动力，以及车体与转向架的各种冲击力。因为转向架是无心盘结构，所以，在构架和车体间有侧挡，牵引杆在侧挡的配合下，完成机车的转向作用。

七、电机悬挂装置的主要特点及功用

电机采用轴悬式悬挂。这种轴悬式悬挂一般只用于速度低于 140 km/h 的机车。其优点为结构简单、成本低、使用维修方便。电机悬挂装置的功用是：承受电机的部分重量；承担电机扭矩传到轮对产生牵引力时电机扭矩的反作用力；缓和传动齿轮工作时的冲击；吸收来自轮对的高频振动，使之不能传至构架直到车体上去。

八、DF_{4D} 型机车转向架的主要结构特点及功用

DF_{4D} 型机车转向架为无心盘、无导框、无均衡梁的三轴转向架。它采用了牵引电动机顺置排列，底位牵引杆件系统，二系弹簧悬挂装置和吊杆式电动机悬挂装置等结构。转向架是机体的走行部分，它除了承受车体上部部件的垂直载荷并均匀分布至各轴外，主要起传递牵引力、制动力的作用，并能承受冲击和横向力的作用。

九、客、货运机车通用转向架结构特点及性能

DF_{4D} 型内燃机车转向架是客、货通用三轴转向架。客运和货运机车对车厢的要求，除平稳舒适、结构简单、安全可靠、使用维修方便外，其主要性能要求是不同的。

客运机车由于牵引吨位低，运行速度高，要求具有良好的高速运行平稳性。由于机车的垂向振动与机车的运行速度有关，因此，客运机车要求在高速减振方面着重考虑。货运机车由于牵引吨位大，一般运行速度较低，所以要求具有良好的黏着性能，保证足够的牵引力以避免机车在起动和爬坡时产生空转。

十、制动缸的作用

当压力空气送入制动缸时，将推动制动缸活塞移动，并通过杠杆系统的传递和

放大，使闸瓦压迫车轮产生制动力。

十一、撒砂系统部件组成

撒砂系统由砂箱、撒砂阀、喷嘴、砂箱小盖、作用阀、砂管、风管等组成。

十二、闸瓦间隙自动调节器功用

闸瓦间隙自动调节器的功用为使闸瓦距车轮踏面的缓解间隙自动保持在规定范围（6~8 mm）内，避免制动时因间隙大而延长空走距离。

十三、单向闸瓦间隙自动调节器的作用过程

施行制动时，制动缸活塞通过横向杠杆推动杠杆绕销转动，杠杆下端推动螺杆使闸瓦压向车轮。此时摆杆带动连杆下移，并推动转盘带动棘齿方向转动，此时若闸瓦与车轮踏面间隙超过 6~8 mm 时，棘爪将落入新的棘齿间，制动后缓解时，棘爪在新的棘齿中将带动棘轮和螺套旋转，从而推动螺杆使闸瓦向车轮踏面移动，闸瓦间隙恢复到 6~8 mm。

复习思考题

1. 简述 DF4D 型内燃机车电力传动方式。
2. 简述 DF4D 型内燃机车冷却水系统组成。
3. 简述 DF4D 型内燃机车柴油机发火顺序。

第四章

机车制动机

知识目标

掌握制动机的工作原理、控制关系和主要部件的功能。

能力目标

能够对制动机进行正确的操作和维护。能够应对紧急情况下的制动需求进行有效的处理。

素质目标

培养应急处理能力，提高对突发状况的快速反应。强化安全责任感，确保列车的安全。

第一节　CCB Ⅱ 制动机

一、CCB Ⅱ 制动机概述

制动机是机车及列车安全行车中必不可少的装置，同时为了提高铁路的通过能力，也必须要求制动系统动作灵敏，控制精确，制动能力强。CCB Ⅱ 微机控制制动系统，采用大功率轮盘制动装置，采用先进的螺杆式空气压缩机作为风源设备。

制动控制系统是基于网络的微机控制电空制动机，它以 26L 型制动机为基础，将 26L 型制动机和电子制动（EAB）设备兼容，为满足干线客、货运机车的运用要求而设计，可以满足我国既有机车车辆的配套使用。

（一）技术特点

控制准确性高，反应迅速。

安全性较高。

部件集成化高,可进行部件的线路更换,维护简单。

有自我诊断、故障显示及处理方法提示功能。

系统内部通过 LON 网通信,系统同机车间通过 MVB 网进行通信。

(二)制动控制原则

1. 优先使用机车动力制动。

2. 通过自动制动阀或监控装置实施常用制动,经计算机车施加同空气制动力相当的动力制动,列车施加空气制动。

3. 通过自动制动阀或监控装置实施紧急制动,经计算机车施加同空气紧急制动力相当的动力制动,列车施加空气紧急制动。

4. 非常情况时,通过紧急按钮实施紧急制动,机车断开主断路器后施加空气制动,列车施加空气制动。

5. 通过单独制动阀实施制动,机车施加空气制动。

6. 通过司控器可以施加动力制动,其最大值为 480 kN。

7. 若司控器和自动制动阀同时实施动力制动,取其大值。

8. 若单独制动阀施加的空气制动大于 90 kPa,机车将不再施加或切除动力制动;若单独制动阀减压使空气制动小于 60 kPa,机车可以施加动力制动或恢复动力制动。

9. 通过功能选择,机车可以实现自动制动阀、监控装置动作后机车仅执行空气制动的功能。

二、CCBⅡ制动控制系统制动部件及控制关系

CCBⅡ系统是基于现场总线的微处理器电空制动控制系统,除了紧急制动作用的开始,所有逻辑均是微机控制的。

CCBⅡ系统包括 5 个主要部件:

1. 制动显示屏 LCDM。

2. 电子制动阀 EBV。

3. 电—空控制单元 EPCU。

4. 集成处理器模块 M-IPM。

5. 继电器接口模块 RIM/CJB。

（一）制动部件介绍

1. 制动显示屏 LCDM

LCDM 位于司机室操纵台，是人机接口，通过它可进行本机/补机，均衡风缸定压，列车管投入/切除，阶段缓解/一次缓解，补风/不补风，CCB Ⅱ系统自检，风表值标定，故障查询等功能的选择和应用。制动显示屏 LCDM 如图 4-1 所示。

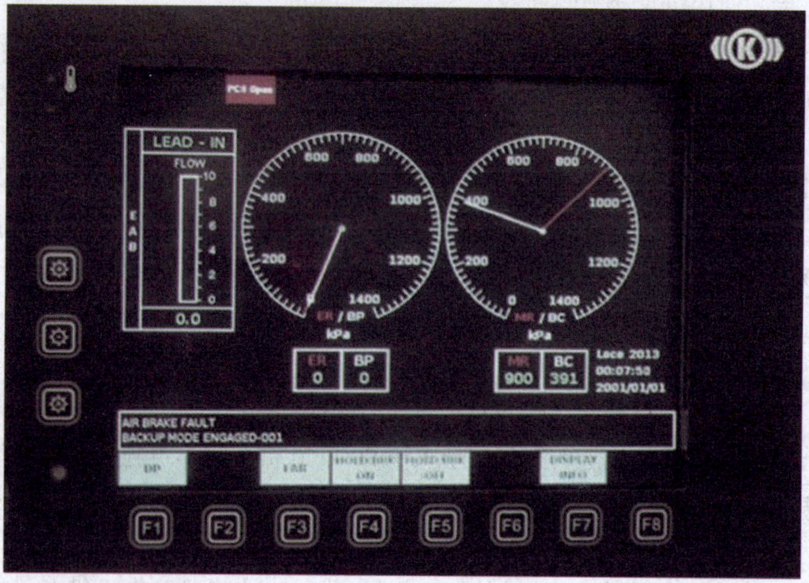

图 4-1　制动显示屏 LCDM

2. 电子制动阀 EBV

操作者通过电子制动阀控制器命令微机。EBV 在 LON 网络上，由自动制动、单独制动手柄发出动作信号。除紧急制动外，EBV 是全电子化阀，紧急制动时，在电子启动紧急制动的同时，在 EBV 背部（21 管阀）还装有空气阀启动 EPCU 进入紧急制动。电子制动阀 EBV 如图 4-2 所示。

（1）自动制动手柄位置

自动制动手柄包括运转位、初制动（最小减压位）、全制动（最大减压位）、抑制位、重联位、紧急位。初制动和全制动之间是常用制动区。手柄向前推为常用制动或紧急作用，手柄向后拉为缓解作用。在重联位时，通过插针可将手柄固定在此位置。

运转位——ERCP 响应手柄位置，手柄放在此位置时，给均衡风缸充风到设定

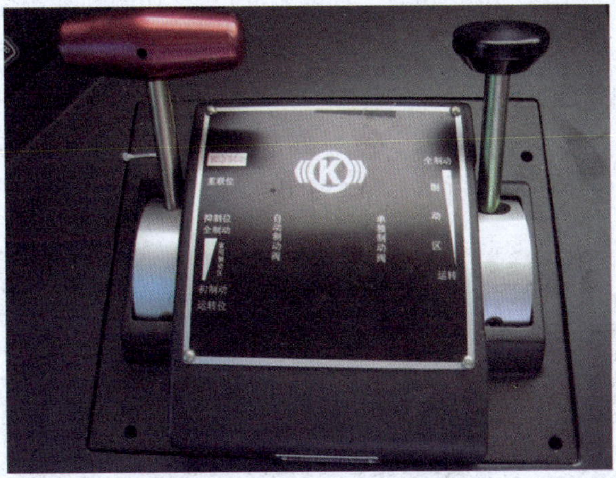

图 4-2 电子制动阀 EBV

值;BPCP 响应均衡风缸压力变化,列车管被充风到均衡风缸设定压力;16CP 响应列车管压力变化,将作用管(16 号管)压力排放;BCCP 响应作用管压力变化,机车制动缸缓解;同时车辆副风缸充风,车辆制动机缓解。

常用制动区——即初制动与全制动之间。手柄放置在初制动位时,ERCP 响应手柄位置,均衡风缸压力将减少 40~60 kPa(定压 500 kPa 或 600 kPa);BPCP 响应均衡风缸压力变化,压力也减少 40~60 kPa;16CP 响应列车管压力变化,作用管压力上升到 70~110 kPa;BCCP 响应作用管压力变化,机车制动缸压力上升到作用管压力。手柄放置在全制动时,均衡风缸压力将减少 140 kPa(定压 500 kPa)或 170 kPa (定压 600 kPa),制动缸压力将上升到 360 kPa(定压 500 kPa)或 420 kPa(定压 600 kPa)。手柄放置在初制动与全制动之间时,均衡风缸将根据手柄的不同位置减少压力。

抑制位——机车产生常用惩罚制动后,必须将手柄放置此位置使制动机复位后,手柄再放置运转位,机车制动作用才可缓解。在抑制位,机车将产生常用全制动作用。

重联位——当制动机系统在补机或断电状态时,手柄应放此位置。在此位置,均衡风缸将按常用制动速率减压到 0。

紧急位——在此位置,自动制动阀上的机械阀动作,列车管压力排向大气,触发 EPCU 中 BPCP 及机车管路中的紧急排风阀动作,产生紧急制动作用。

(2)单独制动手柄位置

单独制动手柄包括运转位,通过制动区到达全制动位。手柄向前推为制动作用，向后拉为缓解作用。20CP 响应手柄的不同位置，使制动缸产生作用压力为 0～300 kPa。当侧压手柄时，13CP 工作，可以实现缓解机车的自动制动作用。

3. 电空控制单元 EPCU

安装在机车空气控制柜的电空控制单元（EPCU）如图 4-3 所示。由控制所有空气压力变化的模块化线路可更换单元组成。

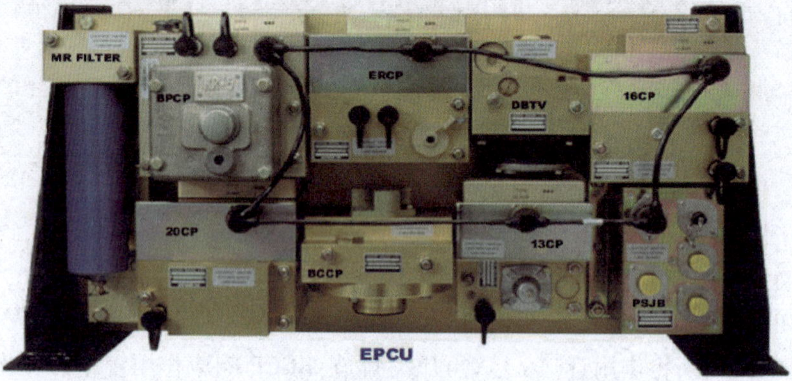

图 4-3　电空控制单元 EPCU

五个 LRU 可以进行自检并通过网络通信，它们分别是：

（1）列车管控制部分（BPCP）

BPCP 通过响应均衡风缸控制部分（ERCP）压力来提供列车管压力并提供列车管的投入和切除以及紧急作用。

在单机（本机/列车管切除）或补机状态时，列车管不受 ERCP 压力控制，但通过自动制动阀仍可产生紧急作用。

如果单机状态时制动系统失电，列车管会自动转到投入状态，允许以常用制动的速率将列车管压力排向大气，当列车管压力降到 69 kPa 左右时，BPCP 内部将再次自动切除列车管通路。

如果补机状态时制动系统失电，列车管压力降到 69 kPa 左右。

列车管的补风/不补风功能也由此模块实现。

BPCP 内部装有列车管压力传感器（BPT），通过 LCDM 显示屏操作者可以读出列车管的压力，如果此压力传感器故障，位于 16CP 的列车管压力传感器（BPT 备份）将被投入使用。

（2）均衡风缸控制部分（ERCP）

ERCP 本机状态时响应自动制动手柄指令产生均衡风缸压力及列车管控制压力。

补机和失电状态时均衡风缸压力将为0。

内部装有均衡(ERT)和总风(MRT)压力传感器,通过LCDM显示屏可以读取,如果总风压力传感器(MRT)故障,位于BPCP内部的(MRT备份)将被投入使用。

无动力切除塞门和无动力调整阀也位于ERCP上。

(3)13控制部分(13CP)

本机状态时,侧压单独制动手柄来实现单独缓解机车制动缸压力的功能,当单独手柄恢复后此功能解除。

在ER备份模式下,13号管控制16号管进入ERBU控制的ER压力。

在ER备份模式下,仍可实现机车的单独缓解功能。

(4)16控制部分(16CP)

本机状态时响应列车管的减压量来控制16号管压力,16号管压力控制位于BCCP中的制动缸中继阀从而产生制动缸压力;

在补机状态除了列车管压力降到140 kPa以下和总风重联开关(MREP)动作以外不再响应列车管的减压。

在本机/投入或本机/切除模式下,16号管增加的压力同列车管减少的压力的比率为2.5∶1,并且16号管增加的压力最大不超过(450±20)kPa。

失电状态下,16CP将把16号管压力排向大气,制动缸的控制压力由DB三通阀(DBTV)产生(本机状态),或是由20CP产生(补机状态)。

16CP内部装有制动缸压力传感器(BCT)和列车管压力传感器(BPT备份)。

16CP是ERCP的备用模块。

如果20CP故障,16CP也会响应单独制动阀的制动指令,但此指令只能作用于本机。

(5)20控制部分(20CP)

本机状态时,通过响应列车管减压和单缓指令产生平均管压力。

在本机状态时,响应单独制动阀手柄的动作,产生制动缸及平均管压力(0~300 kPa)。

由IPM控制的20CP同时响应动力制动信号,当有动力制动信号时,缓解平均管压力。

在重联模式时,20CP响应平均管的压力变化。

失电时,20CP将保持平均管的压力。

除去5个LUR,EPCU也包括:

(1)制动缸控制部分(BCCP)

制动缸中继阀,响应16号管压力变化,机车制动缸压力的施加和缓解完全由BCCP控制;

BCCP装有DBI-1型动力制动电磁阀,通过此电磁阀实现机车动力制动和空气制动的互锁功能。

(2)DB三通阀(DBTV)

在CCBⅡ系统诊断使其工作于空气备份模式时,空气备用三通阀控制16管的压力,DBTV中的主要部件为空气部分,它一直在工作,但由于制动系统的计算机控制,其影响显现不出来。

(3)电源接线盒(PSJB)

电源接线盒位于EPCU所有节点和IPM的连接中心,PSJB内置电源,为CCBⅡ系统供电(将110 V转换到24 V),在外部具有多个接插件,允许EPCU、EBV、M-IPM和RIM/CJB相互连接。

另包括4个可替换过滤器安装在EPCU管线上,这些过滤器在年检时更换。

(1)主风缸MR;

(2)列车管BP;

(3)常用制动的单独缓解和DBI互锁控制;

(4)制动平均管。

4. 集成处理器模块IPM

集成处理器模块(IPM)如图4-4所示,安装在机车制动控制柜,执行所有到制动系统的通信功能,其通过LON网络和EPCU、EBV通信,通过RS-422电缆线和LCDM通信,通过MVB网络和机车TCMS通信,并可提供二进制输出,驱动机车继电器。

IPM上LED指示灯含义如下:

(1)电源:绿色LED表示,绿色LED表示IPM已加电。如果在IPM得电的情况下,指示灯熄灭,则很有可能是电源失效。

(2)CPU OK:根据内部看门狗计时器,绿色LED显示IPM CPU的状况良好,该LED表示IPM成功通过每15 min进行一次的自检。

(3)DP LEAD:该绿色LED表示该机车处于动力分散本机机车模式。

(4)DP REMOTE:该绿色LED表示该机车处于动力分散重联机车模式。

(5)DP TX A:该黄色LED表示该机车电台A正在传输DP无线信息。

(6)DP TX B:该黄色LED表示该机车电台B正在传输DP无线信息。

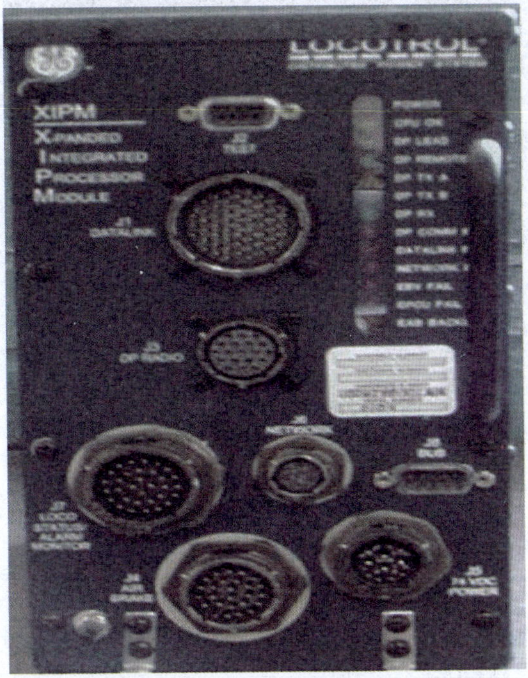

图 4-4　集成处理器模块 IPM

(7)DP RX:该绿色 LED 表示该机车正接受 DP 无线信息。

(8)DP COMM INT:该红色 LED 表示该机车 DP 无线通信故障。

(9)DATALINK FA:该红色 LED 表示该机车 IPM 无法通过 Lon Work 网或 RS-422 数据线与机车控制系统或 EPCU、LCDM 通信。

(10)NETWORK FA:该红色 LED 表示 LOCOTROL EB 或 CCBⅡ系统内部 LON network 通信有问题。

(11)EBV FAIL:该红色 LED 表示 CCBⅡ系统 EBV 失效,可能是电子部分故障,或空气部分故障,或两者皆有。

(12)EPCU FAIL:该红色 LED 表示 CCBⅡ系统 EPCU 失效,可能是电子部分故障,或空气部分故障,或两者皆有。

(13)EAB BACKUP:该红色 LED 表示 CCBⅡ系统 已工作于一项后备模式,比如第一主风缸传感器失效,系统工作于第二主风缸传感器。

5. 继电器接口模块(RIM/CJB)

继电器接口模块如图 4-5 所示,位于机车制动柜,是微处理器(IPM)与机车间进行通信的继电器接口。

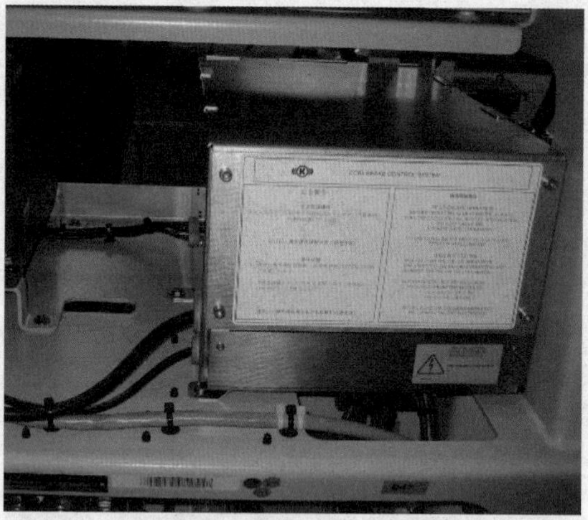

图 4-5　继电器接口模块

（1）信号输入部分包括由安全装置（ATP）产生的惩罚制动和紧急制动、再生制动投入信号、MREP 压力开关工作状态信号、机车速度信号。

（2）信号输出部分包括紧急制动信号、动力切除（PCS）信号、撒砂开关动作信号、再生制动切除信号、制动系统故障信号。

（二）CCB Ⅱ控制关系

1. 主要部件控制关系

在图 4-6 各部件中，EBV、EPCU、CJB、IPM 之间通过 LON 网线进行通信，IPM、LCDM 之间通过 RS-422 进行通信，IPM、TCMS 之间通过 MVB 数据线进行通信，CJB、TCMS 通过开关模拟量硬线进行通信。

CCB Ⅱ系统主要部件控制关系如图 4-6 所示。

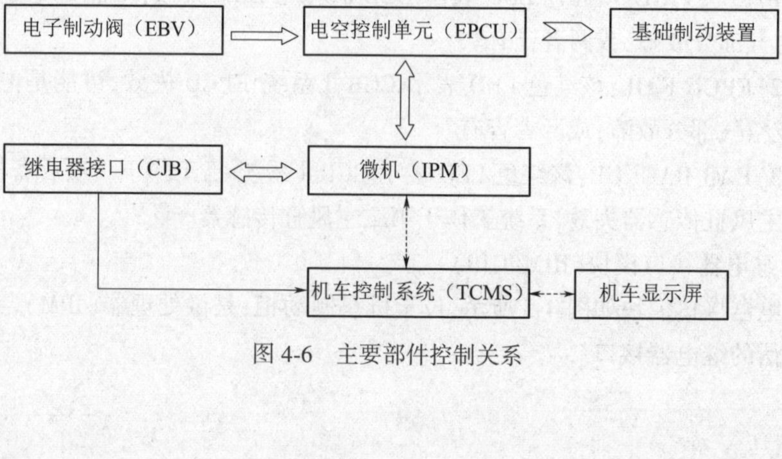

图 4-6　主要部件控制关系

2. 气路控制关系

列车气路控制关系：

自动制动阀→ERCP →BPCP →制动管压力→车辆制动机
↓
16CP →BCCP →机车制动缸

机车气路控制关系：

单独制动阀→20CP →BCCP →机车制动缸
↓
平均管压力→重联机车制动缸

3. 系统主要部件的备用

(1)空气备用(16CP 失效时)

空气备用模式是指 16CP 失效时,系统采用纯机械三通阀(DBTV)来代替电子控制(16CP)产生制动缸管控制压力。

其控制关系如下：

自动制动阀→ERCP →BPCP →制动管压力→车辆制动机
↓
DBTV →BCCP →机车制动缸

(2)ER 备用(ERCP 失效)

如果 ERCP 失效,它的功能由 16CP 和 13CP 实现。由软件控制自行进行切换,控制关系如下：

自动制动阀→16CP/13CP →BPCP →制动管压力→车辆制动机
↓
DBTV →BCCP →机车制动缸

(3)单独制动备用(20CP 失效)

20CP 失效时,16CP 将响应单独制动手柄的指令,控制本机车制动缸的压力。对于重联车,将不存在平均管压力。控制关系如下：

单独制动阀→16CP →BCCP →机车制动缸

(4)紧急制动的触发方式

①自动制动阀置紧急位；

②开放列车长阀触发紧急制动；

③按下操纵台紧急按钮触发紧急制动(跳主断)；

④IPM 触发紧急制动；

⑤监控装置触发紧急制动；

⑥列车断钩分离触发紧急制动；

⑦总风缸压力低保护：

当总风缸压力低于 600 kPa 时，IPM 接收到压力传感器信号，不允许机车加载牵引。

第二节　JZ-7 型制动机

一、JZ-7 型制动机组成

1. 空气压缩机及总风缸：它们是制动机系统和其他风动装置的风源装置。

2. 自动制动阀：操纵全列车的制动和缓解。

3. 单独制动阀：单独操纵机车的制动和缓解。

4. 中继阀：根据均衡风缸的压力变化，自动控制列车制动主管的压力变化，从而使列车制动和缓解。

5. 分配阀：根据列车制动主管的压力变化，自动控制作用风缸的压力变化，从而控制作用阀使机车制动和缓解。

6. 作用阀：根据作用风缸（大闸操纵）或单独作用管（小闸操纵）的压力变化，自动控制机车制动缸的压力变化，使机车制动和缓解。

除上述主要部件外，还有（均衡风缸、过充风缸）工作风缸、降压风缸、（作用风缸、紧急风缸）制动缸、变向阀、无动力回送装置、紧急制动阀、风源净化装置、各种塞门、双针压力表等部件。JZ-7 型制动机管路如图 4-7 所示。

二、JZ-7 型制动机的各阀控制关系

1. 自动制动阀全列车：

自动制动阀 → 均衡风缸 → 中继阀 → 制动主管压力变化 → 车辆制动机
　　　　　　　　　　　　　　　　　　　　　　　　 → 机车分配阀 → 作用阀 → 机车制动缸

2. 单独制动阀操纵：

（1）配合自动制动阀单独缓解机车部分制动力：

单独制动阀→机车分配阀→作用阀→机车制动缸

（2）单独操纵机车制动和缓解：

单独制动阀→作用阀→机车制动缸

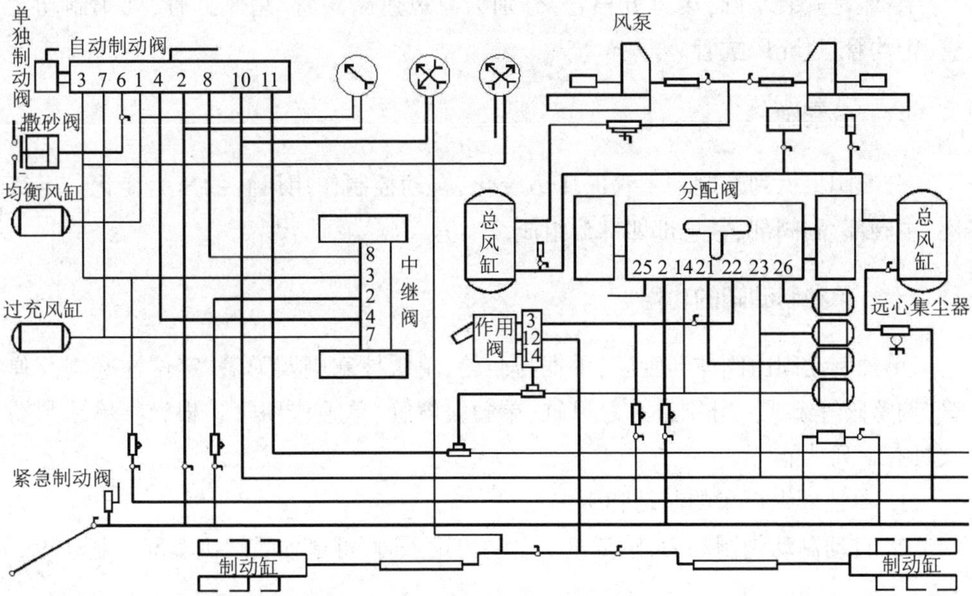

图 4-7　JZ-7 型制动机管路

三、NPT5 型空气压缩机

NPT5 型采用三缸、直立式、两级压缩和中间空气冷却式的压气机。由固定机构、运动机构、进、排气机构，中间冷却装置和润滑装置等组成。

空气压缩机曲轴转动时，连杆组带动两个低压活塞和一个高压活塞先后上下往复运动，当低压活塞向下运动时，由于真空作用进气阀开启，排气阀关闭，空气经滤清器进入气缸，当低压活塞向上运动时，进气阀关闭，排气阀开启，空气由低压气缸压入中间冷却器，冷却后的空气由高压气缸进行第二次压缩后送入总风缸储存备用。

四、自动制动阀

自动制动阀操纵全列车的制动和缓解。自动制动阀由阀体与管座、手把与凸轮、调整阀、放风阀、重联柱塞阀、缓解柱塞阀、客货车转换阀等组成。

五、中继阀

中继阀的功用是根据均衡风缸的压力变化，自动控制列车制动主管的压力变化。中继阀的组成由管座、总风遮断阀部、双阀口式中继阀三部分组成。

管座是安装基础，接有五根管，分别为总风遮断阀管、总风缸管、列车制动主管、中均管、过充风缸管。

六、分配阀

分配阀根据列车制动主管的压力变化，自动控制作用风缸的压力变化。由管座、主阀部、副阀部、紧急部四部分组成。

七、单独制动阀的功用

单独制动阀由阀体与管座、手把与凸轮、单缓柱塞阀及弹簧、定位柱塞阀及弹簧、调整阀等组成。分别接有总风缸、单独缓解管、单独作用管三根管。单独制动阀具有下列功能：

1. 单独操纵机车的制动和缓解。
2. 自动制动阀制动后，感觉机车制动力过强时，可单独缓解机车部分制动力。

八、作用阀

作用阀由阀体、管座、供气阀及弹簧、空心阀杆、膜板活塞、缓解弹簧等组成。根据作用风缸或单独作用管的压力变化，自动控制机车制动缸的压力变化，使机车制动或缓解。

复习思考题

1. 简述 CCBⅡ制动机技术特点。
2. 简述 CCBⅡ制动机气路控制关系。
3. 简述 JZ-7 型制动机自动制动阀控制关系。
4. NPT5 型空气压缩机作用原理是什么？

复习思考题答案

第一章

1. 简述 HXN_3 型内燃机车主要结构布置。

答:从Ⅰ端开始,依次为司机室—电气间—电阻制动间—空滤间—柴油机间—冷却间—Ⅱ端司机室,下部为两台转向架整体结构。

2. 简述 HXN_3 型内燃机车自动启动程序。

答:在柴油机启动前,机车柴油机和设备必须进行正确的检查和设置。快速按下启动按钮,开始柴油机的自动启动程序:

(1)增压器滑油泵接通。

(2)为柴油机供燃油。

(3)柴油机间响起 5 s 报警声。

(4)当报警停止,启动马达与柴油机齿轮啮合并带动柴油机直到柴油机启动为止。

(5)启动马达脱离啮合。

需要注意的是在启动程序进行期间,按压 EFCO(紧急燃油切除)开关将中断启动程序。

3. 简述 HXN_3 型内燃机车 EMDEC 系统的作用。

答:(1)EMDEC 系统为柴油机提供保护,避免柴油机遭受温度高或者润滑油压力低等情况带来的损害。

(2)EMDEC 系统主要的子系统包括电子控制模块(ECM),电子单元喷油器(EUI),柴油机传感器等。

(3)EMDEC 接收来自柴油机传感器上的输入信号,并使用这些信号信息来控制柴油机工作。基于存储器中预设的标定表,计算喷油时间和喷油数量。燃油通过电子单元喷油器(EUI)被送到气缸,ECM 控制 EUI 里的电磁阀来提供精确的燃油输送时间。

(4)配置 EMDEC 系统可以使手柄级位响应更快,同时减少使用重联柴油机停机按钮时柴油机的停机时间。

第二章

1. 简述 HXN5 型内燃机车三相交流异步牵引电动机优点。

答：三相交流异步牵引电动机较之直流牵引电动机具有结构简单、功率大、黏着性能好等一系列重要优点：一是没有换向器、碳刷，实现了无火花通断电流；二是工作可靠性高、维修工作量少；三是重量轻、体积小；四是转速高、恒功范围宽；五是功率大；六是黏着控制性能好的优点，不容易发生空转。

2. 简述 HXN5 型内燃机车车载控制系统组成。

答：车载控制系统［集中控制体系结构（CCA）］主要由 SDIS 智能控制与显示系统、CIO 集成输入/输出接口、柴油机控制系统，牵引控制系统、辅助电源控制系统、设备控制系统、制动控制系统、通信总线及协议转换单元等组成。

3. HXN5 型内燃机车主要系统有哪些？

答：HXN5 型内燃机车主要系统有：通用控制系统，牵引系统，润滑油系统，柴油机冷却水系统，燃油系统，燃烧空气系统，设备冷却空气系统，压缩空气系统和辅助电源系统。

第三章

1. 简述 DF4D 型内燃机车电力传动方式。

答：DF4D 型内燃机车采用交—直流电力传动装置，由柴油机驱动一台 TQFR-3000E 型三相交流同步主发电机，发电机产生的三相交流电经硅整流柜三相桥式全波整流后，输送给六台并联的 ZD109B 型牵引电动机，再由牵引电动机通过传动齿轮驱动车轮旋转。从硅整流柜到牵引电动机之间，设有 6 个主接触器分别控制 6 台牵引电动机的通断。另外还有两个转换开关，用它转换牵引电动机励磁绕组电流的方向，从而改变牵引电动机转向，控制机车的前进或后退。

2. 简述 DF4D 型内燃机车冷却水系统组成。

答：机车的冷却水系统分高温（柴油机水系统），低温（增压空气中冷器、机油热交换水系统）两个循环系统。其主要部件有膨胀水箱、冷却水泵、空气冷却器（中冷器）、机油热交换器、散热器、静液压油热交换器及阀门、管路等。

3. 简述 DF4D 型内燃机车柴油机发火顺序。

答：发火顺序为

```
 1    3    7    5    8    6    2    4
  \  / \  / \  / \  / \  / \  / \  / \
   14   10   12   9    11   15   13   16
```

第四章

1. 简述 CCB Ⅱ 制动机技术特点。

答：(1)控制准确性高，反应迅速。

(2)安全性较高。

(3)部件集成化高，可进行部件的线路更换，维护简单。

(4)有自我诊断、故障显示及处理方法提示功能。

(5)系统内部通过 LON 网通信，系统同机车间通过 MVB 网进行通信。

2. 简述 CCB Ⅱ 制动机气路控制关系。

答：控制列车：

自动制动阀→ERCP →BPCP →制动管压力→车辆制动机

↘16CP →BCCP →机车制动缸

控制机车：

单独制动阀→20CP →BCCP →机车制动缸

↓

平均管压力→重联机车制动缸

3. 简述 JZ-7 型制动机自动制动阀控制关系。

答：自动制动阀控制全列车：

自动制动阀 → 均衡风缸 → 中继阀 → 制动主管压力变化 →

┌→车辆制动机

└→机车分配阀 → 作用阀 → 机车制动缸

4. NPT5 型空气压缩机作用原理是什么？

答：空气压缩机曲轴转动时，连杆组带动两个低压活塞和一个高压活塞先后上下往复运动，当低压活塞向下运动时，由于真空作用进气阀开启，排气阀关闭，空气经滤清器进入气缸，当低压活塞向上运动时，进气阀关闭，排气阀开启，空气由低压气缸压入中间冷却器，冷却后的空气由高压气缸进行第二次压缩后送入总风缸储存备用。